Estructura de la Tierra

CIENCIAS
interactivas

PEARSON

Boston, Massachusetts
Chandler, Arizona
Glenview, Illinois
Upper Saddle River, New Jersey

AUTORES

¡Eres el autor!

A medida que escribas en este libro de Ciencias, dejarás un registro de tus respuestas y descubrimientos personales, de modo que este libro será único para ti. Por eso eres uno de los principales autores de este libro.

✎ **En el espacio que sigue, escribe tu nombre y el nombre de tu escuela, ciudad y estado. Luego, escribe una autobiografía breve que incluya tus intereses y tus logros.**

TU NOMBRE _____

ESCUELA _____

CIUDAD, ESTADO _____

AUTOBIOGRAFÍA _____

_____

_____

_____

_____

_____

_____

_____

Tu foto

Acknowledgments appear on pages 173–174, which constitutes an extension of this copyright page.

ISBN-13: 978-0-13-363848-6
ISBN-10:   0-13-363848-0
1 2 3 4 5 6 7 8 9 10 V063 14 13 12 11 10

EN LA PORTADA
El revestimiento de las rocas
¿Piensas que todas las rocas son iguales? Si es así, observa nuevamente la geoda de la portada. El interior de una geoda puede estar revestido de cristales de minerales perfectamente formados, como la amatista. La amatista es un tipo de cuarzo, un mineral bastante común que puede ser de muchos colores. Según los científicos, los cristales de una geoda se forman lentamente cuando por una grieta o un hueco de una roca se filtra agua con minerales disueltos.

Autores del programa

DON BUCKLEY, M.Sc.
Director de Tecnología de la información y las comunicaciones, The School at Columbia University, Nueva York, Nueva York
Durante casi dos décadas, Don Buckley ha estado a la vanguardia de la tecnología educativa para los grados K a 12. Fundador de Tecnólogos de Escuelas Independientes de la ciudad de Nueva York (NYCIST) y presidente de la conferencia anual de TI de la Asociación de Escuelas Independientes de Nueva York desde hace tiempo, Buckley ha enseñado a estudiantes de dos continentes y ha creado sistemas de instrucción multimedia y basados en Internet para escuelas de todo el mundo.

ZIPPORAH MILLER, M.A.Ed.
Directora ejecutiva adjunta de programas y conferencias para profesionales, Asociación Nacional de Maestros de Ciencias (NSTA), Arlington, Virginia
Directora ejecutiva adjunta de programas y conferencias para profesionales de la NSTA, Zipporah Miller es ex supervisora de Ciencias para los grados K a 12 y coordinadora de Ciencias, Tecnología, Ingeniería y Matemáticas del Distrito de Escuelas Públicas del Condado de Prince George, Maryland. Es consultora educativa de Ciencias y ha supervisado el desarrollo del plan de estudios y la capacitación de más de 150 coordinadores de Ciencias del distrito.

MICHAEL J. PADILLA, Ph.D.
Decano adjunto y director, Escuela de educación Eugene P. Moore, Clemson University, Clemson, Carolina del Sur
Ex maestro de escuela media y líder en la enseñanza de Ciencias en la escuela media, el doctor Michael Padilla se ha desempeñado como presidente de la Asociación Nacional de Maestros de Ciencias y como redactor de los Estándares Nacionales para la Enseñanza de Ciencias. Actualmente es profesor de Ciencias en Clemson University. Como autor principal de la serie *Science Explorer*, el doctor Padilla ha inspirado al equipo a desarrollar un programa que promueva la indagación en los estudiantes y cubra las necesidades de los estudiantes de hoy.

KATHRYN THORNTON, Ph.D.
Profesora y decana adjunta, Escuela de Ingeniería y Ciencias aplicadas, University of Virginia, Charlottesville, Virginia
Seleccionada por la NASA en mayo de 1984, la doctora Kathryn Thornton es veterana de cuatro vuelos espaciales. Tiene en su haber más de 975 horas en el espacio, incluidas más de 21 horas de actividades extravehiculares. Como autora de la serie *Scott Foresman Science*, el entusiasmo que Thornton siente por las ciencias ha inspirado a maestros de todo el mundo.

MICHAEL E. WYSESSION, Ph.D.
Profesor adjunto de Ciencias planetarias y Ciencias de la Tierra, Washington University, St. Louis, Missouri
Autor de más de 50 publicaciones científicas, el doctor Wysession ganó las prestigiosas becas de Packard Foundation y Presidential Faculty por su investigación en geofísica. El doctor Wysession es un experto en la estructura interna de la Tierra y ha realizado mapeos de varias regiones de la Tierra mediante la tomografía sísmica. Es conocido en todo el mundo por su trabajo en la enseñanza y difusión de la geociencia.

Autor de Comprensión a través del diseño

GRANT WIGGINS, Ed.D.
Presidente, Authentic Education, Hopewell, Nueva Jersey
El doctor Wiggins es co-autor de *Understanding by Design®* (UbD, por sus siglas en inglés), una filosofía del diseño curricular. UbD es una manera disciplinada de pensar el diseño curricular, la evaluación y la enseñanza: en vez de tratar de cubrir contenidos, busca asegurar la comprensión. El doctor Wiggins es uno de los reformadores educativos más influyentes de la actualidad y realiza consultorías para escuelas, distritos y departamentos de educación estatales.

Autor de *Planet Diary*

JACK HANKIN
Maestro de Ciencias y Matemáticas, The Hilldale School, Dale City, California Fundador del sitio web Planet Diary
Jack Hankin es el creador y escritor de *Planet Diary*, un sitio web de actualidad científica. A Hankin le apasiona divulgar noticias sobre ciencia entre los estudiantes y fomentar su conciencia acerca del medio ambiente. Dictó varios talleres de *Planet Diary* en la NSTA y otros cursos de capacitación para docentes de escuelas medias y superiores.

Consultor de ELL

JIM CUMMINS, Ph.D.
Profesor y titular del Canada Research, Departamento de plan de estudios, enseñanza y aprendizaje de University of Toronto.
La investigación del doctor Cummins se centra en la lectoescritura en escuelas multilingües y el rol de la tecnología para estimular el aprendizaje entre planes de estudios. El programa *Ciencias interactivas* incorpora principios fundamentales basados en la investigación para integrar la lengua con la enseñanza de contenidos académicos, según el marco educativo del doctor Cummins.

Consultor de Lectura

HARVEY DANIELS, Ph.D.
Profesor de educación secundaria, University of New Mexico, Albuquerque, Nuevo México
El doctor Daniels es consultor internacional para escuelas, distritos y organismos educativos. Es autor y co-autor de 13 libros acerca de la lengua, lectoescritura y educación. Algunos de sus trabajos más recientes son *Comprehension and Collaboration: Inquiry Circles in Action* y *Subjects Matter: Every Teacher's Guide to Content-Area Reading*.

REVISORES

Escritores colaboradores

Edward Aguado, Ph.D.
Profesor, Departamento de Geografía
San Diego State University
San Diego, California

Elizabeth Coolidge-Stolz, M.D.
Escritora médica
North Reading, Massachusetts

Donald L. Cronkite, Ph.D.
Profesor de Biología
Hope College
Holland, Michigan

Jan Jenner, Ph.D.
Escritora de Ciencias
Talladega, Alabama

Linda Cronin Jones, Ph.D.
Profesora adjunta de Ciencias y Educación ambiental
University of Florida
Gainesville, Florida

T. Griffith Jones, Ph.D.
Profesor clínico adjunto de Educación en Ciencias
College of Education
University of Florida
Gainesville, Florida

Andrew C. Kemp, Ph.D.
Maestro
Jefferson County Public Schools
Louisville, Kentucky

Matthew Stoneking, Ph.D.
Profesor adjunto de Física
Lawrence University
Appleton, Wisconsin

R. Bruce Ward, Ed.D.
Investigador principal adjunto
Departamento de Educación en Ciencias
Harvard-Smithsonian Center for Astrophysics
Cambridge, Massachusetts

Revisores de contenido

Paul D. Beale, Ph.D.
Departamento de Física
University of Colorado at Boulder
Boulder, Colorado

Jeff R. Bodart, Ph.D.
Profesor de Ciencias físicas
Chipola College
Marianna, Florida

Joy Branlund, Ph.D.
Departamento de Ciencias de la Tierra
Southwestern Illinois College
Granite City, Illinois

Marguerite Brickman, Ph.D.
División de Ciencias biológicas
University of Georgia
Athens, Georgia

Bonnie J. Brunkhorst, Ph.D.
Educación en Ciencias y Ciencias geológicas
California State University
San Bernardino, California

Michael Castellani, Ph.D.
Departamento de Química
Marshall University
Huntington, West Virginia

Charles C. Curtis, Ph.D.
Profesor investigador adjunto de Física
University of Arizona
Tucson, Arizona

Diane I. Doser, Ph.D.
Departamento de Ciencias geológicas
University of Texas
El Paso, Texas

Rick Duhrkopf, Ph.D.
Departamento de Biología
Baylor University
Waco, Texas

Alice K. Hankla, Ph.D.
The Galloway School
Atlanta, Georgia

Mark Henriksen, Ph.D.
Departamento de Física
University of Maryland
Baltimore, Maryland

Chad Hershock, Ph.D.
Centro para la Investigación del Aprendizaje y la Enseñanza
University of Michigan
Ann Arbor, Michigan

Jeremiah N. Jarrett, Ph.D.
Departamento de Biología
Central Connecticut State University
New Britain, Connecticut

Scott L. Kight, Ph.D.
Departamento de Biología
Montclair State University
Montclair, Nueva Jersey

Jennifer O. Liang, Ph.D.
Departamento de Biología
University of Minnesota–Duluth
Duluth, Minnesota

Candace Lutzow-Felling, Ph.D.
Directora de Educación
The State Arboretum of Virginia
University of Virginia
Boyce, Virginia

Cortney V. Martin, Ph.D.
Virginia Polytechnic Institute
Blacksburg, Virginia

Joseph F. McCullough, Ph.D.
Presidente del Programa de Física
Cabrillo College
Aptos, California

Heather Mernitz, Ph.D.
Departamento de Ciencias físicas
Alverno College
Milwaukee, Wisconsin

Sadredin C. Moosavi, Ph.D.
Departamento de Ciencias de la Tierra y Ciencias ambientales
Tulane University
Nueva Orleans, Luisiana

David L. Reid, Ph.D.
Departamento de Biología
Blackburn College
Carlinville, Illinois

Scott M. Rochette, Ph.D.
Departamento de Ciencias de la Tierra
SUNY College at Brockport
Brockport, Nueva York

Karyn L. Rogers, Ph.D.
Departamento de Ciencias geológicas
University of Missouri
Columbia, Missouri

Laurence Rosenhein, Ph.D.
Departamento de Química
Indiana State University
Terre Haute, Indiana

Sara Seager, Ph.D.
Departamento de Ciencias planetarias y Física
Massachusetts Institute of Technology
Cambridge, Massachusetts

Tom Shoberg, Ph.D.
Missouri University of Science and Technology
Rolla, Missouri

Patricia Simmons, Ph.D.
North Carolina State University
Raleigh, Carolina del Norte

William H. Steinecker, Ph.D.
Investigador académico
Miami University
Oxford, Ohio

Paul R. Stoddard, Ph.D.
Departamento de Geología y Geociencias ambientales
Northern Illinois University
DeKalb, Illinois

John R. Villarreal, Ph.D.
Departamento de Química
The University of Texas–Pan American
Edinburg, Texas

John R. Wagner, Ph.D.
Departamento de Geología
Clemson University
Clemson, Carolina del Sur

Jerry Waldvogel, Ph.D.
Departamento de Ciencias biológicas
Clemson University
Clemson, Carolina del Sur

Donna L. Witter, Ph.D.
Departamento de Geología
Kent State University
Kent, Ohio

Edward J. Zalisko, Ph.D.
Departamento de Biología
Blackburn College
Carlinville, Illinois

Museum of Science®

Agradecemos especialmente al *Museum of Science* (Museo de Ciencias) de Boston, Massachusetts, y a Ioannis Miaoulis, presidente y director del museo, su contribución como consultores de los elementos de tecnología y diseño de este programa.

CONTENIDO

 Zona de laboratorio Entra en la Zona de laboratorio
para hacer una indagación
interactiva.

**Investigación de laboratorio
del capítulo:**
• Indagación dirigida: Hacer un modelo de
las corrientes de convección del manto
• Indagación abierta: Hacer un modelo de las
corrientes de convección del manto

Indagación preliminar: • ¿Qué es un
sistema? • El interior de la Tierra • Seguir el
rastro del flujo del calor

Actividades rápidas de laboratorio: • Las
partes del sistema de la Tierra • ¿Qué fuerzas
dan forma a la Tierra? • ¿Cómo descubren
los científicos lo que hay en el interior
de la Tierra? • Construir un modelo de la
Tierra • ¿Cómo puede el calor provocar
movimiento en un líquido?

my science online.com

Visita MyScienceOnline.com para
interactuar con el contenido del
capítulo en inglés.
Palabra clave: *Introducing Earth*

> **UNTAMED SCIENCE**
• *Beyond the Dirt*

> **PLANET DIARY**
• *Introducing Earth*

> **INTERACTIVE ART**
• *Earth's System* • *Heat Transfer*

> **ART IN MOTION**
• *Convection in Earth's Mantle*

> **REAL-WORLD INQUIRY**
• *Exploring Earth's Layers*

CAPÍTULO 2

Minerales y rocas

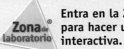

Entra en la Zona de laboratorio para hacer una indagación interactiva.

Investigación de laboratorio del capítulo:
• Indagación dirigida: Prueba de rocas para pisos
• Indagación abierta: Prueba de rocas para pisos

Indagación preliminar: • ¿Cómo afecta a los cristales la velocidad de enfriamiento?
• ¿Cómo podemos comparar las rocas?
• De líquido a sólido • Prueba de acidez de las rocas • Una roca con lentejuelas
• Reciclar rocas

Actividades rápidas de laboratorio:
• Clasificar un objeto como mineral • Cómo identificar los minerales • Manos de cristal
• Clasifica estas rocas • ¿Cómo se forman las rocas ígneas? • Las rocas que nos rodean • ¿Qué efectos tiene la presión en las partículas de roca? • ¿Cómo se forman las capas? • ¿Cómo podemos comparar los patrones de granos? • ¿Cuál de estas rocas se formó primero?

my science ONLINE.com

Visita MyScienceOnline.com para interactuar con el contenido del capítulo en inglés.
Palabra clave: *Minerals and Rocks*
> UNTAMED SCIENCE
• *Climbing Through the Rock Cycle*
> PLANET DIARY
• *Minerals and Rocks*
> INTERACTIVE ART
• *Crystal Systems* • *Rock Cycle*
> ART IN MOTION
• *Formation of Igneous Rock*
> REAL-WORLD INQUIRY
• *What Would You Build With?*

CONTENIDO

CAPÍTULO 3 — Tectónica de placas

 **Entra en la Zona de laboratorio
para hacer una indagación
interactiva.**

△ **Investigación de laboratorio
del capítulo:**
• Indagación dirigida: Hacer un modelo del
despliegue del suelo oceánico
• Indagación abierta: Hacer un modelo del
despliegue del suelo oceánico

△ **Indagación preliminar:** • ¿Cómo están
unidos los continentes de la Tierra? • ¿Qué
efecto tiene un cambio en la densidad?
• Interacciones entre las placas

△ **Actividades rápidas de laboratorio:**
• Desplazar los continentes
• Las cordilleras oceánicas centrales • Invertir
los polos • Las corrientes de convección
del manto

my science online.com

**Visita MyScienceOnline.com para
interactuar con el contenido del
capítulo en inglés.
Palabra clave:** *Plate Tectonics*

> **UNTAMED SCIENCE**
• *Diving Toward Divergence*

> **PLANET DIARY**
• *Plate Tectonics*

> **INTERACTIVE ART**
• *Continental Drift* • *Sea-Floor Spreading*

> **ART IN MOTION**
• *Changing Earth's Crust*

> **REAL-WORLD INQUIRY**
• *Predicting Plate Motion*

CAPÍTULO
4

Terremotos

Zona de laboratorio

Entra en la Zona de laboratorio para hacer una indagación interactiva.

Investigación de laboratorio del capítulo:
• Indagación dirigida: Cómo hallar el epicentro
• Indagación abierta: Cómo hallar el epicentro

Indagación preliminar: • ¿Cómo afecta la presión a la corteza terrestre? • ¿Cómo se propagan las ondas sísmicas a través de la Tierra? • ¿Cómo se pueden detectar las ondas sísmicas?

Actividades rápidas de laboratorio:
• Efectos de la presión • Modelos de fallas • Hacer un modelo de la presión • Propiedades de las ondas sísmicas • Medir terremotos • Diseña un sismógrafo • Patrones de terremotos

my science online.com

Visita MyScienceOnline.com para interactuar con el contenido del capítulo en inglés.
Palabra clave: *Earthquakes*

> **UNTAMED SCIENCE**
• *Why Quakes Shake*

> **PLANET DIARY**
• *Earthquakes*

> **INTERACTIVE ART**
• *Seismic Waves* • *Earthquake Engineering*

> **ART IN MOTION**
• *Stresses and Faults*

> **REAL-WORLD INQUIRY**
• *Placing a Bay Area Stadium*

CONTENIDO

Entra en la Zona de laboratorio para hacer una indagación interactiva.

△ **Investigación de laboratorio del capítulo:**
• Indagación dirigida: Volcanes de gelatina
• Indagación abierta: Volcanes de gelatina

△ **Indagación preliminar:** • Activar volcanes
• ¿Cuánto tardan los líquidos en fluir?
• ¿Cómo cambian los volcanes el relieve terrestre?

△ **Actividades rápidas de laboratorio:** • ¿En qué lugares de la superficie terrestre están los volcanes? • Etapas volcánicas • Identificar los accidentes geográficos volcánicos
• ¿Cómo puede la actividad volcánica cambiar la superficie de la Tierra?

my science online.com

Visita MyScienceOnline.com para interactuar con el contenido del capítulo en inglés.
Palabra clave: *Volcanoes*

> **UNTAMED SCIENCE**
• *Why Some Volcanoes Explode*

> **PLANET DIARY**
• *Volcanoes*

> **INTERACTIVE ART**
• *Composite Volcano* • *Volcanoes and Volcanic Landforms*

> **ART IN MOTION**
• *Volcanic Boundaries and Hot Spots*

> **REAL-WORLD INQUIRY**
• *Monitoring a Volcano*

Serie de videos: Aventuras en capítulos

***Untamed Science* hizo esta serie cautivante para** CIENCIAS **interactivas**, **que incluye un video exclusivo, con subtítulos en español, para cada capítulo del programa.**

Incluye videos como

Beyond the Dirt
Capítulo 1 Rocas. Agua. Aire. Vida. Únete al equipo de *Untamed Science* mientras revela cómo se relacionan los acantilados, los lagos, los cielos y la vida silvestre de la Tierra.

Climbing Through the Rock Cycle
Capítulo 2 Únete al equipo de *Untamed Science* mientras explora el mundo de las rocas y los minerales.

Diving for Divergence
Capítulo 3 Aunque no lo creas, ¡la Tierra se está agrietando! Únete a uno de nuestros fanáticos de la ecología y sumérgete en las aguas heladas de Islandia, donde la lenta separación de dos trozos de la corteza terrestre está creando una enorme grieta submarina.

Why Quakes Shake
Capítulo 4 Sigue a Danni en su viaje al histórico pueblo de New Madrid, Missouri, en una aventura que devela los misterios de los terremotos.

Why Some Volcanoes Explode
Capítulo 5 ¿Cuál fue la causa de la violenta erupción del monte Santa Elena en el estado de Washington en 1980? ¡Únete al equipo de *Untamed Science* mientras reconstruye la erupción e intenta hallar la respuesta!

CIENCIAS interactivas

Puedes escribir en el libro. Es tuyo.

¿CÓMO TENEMOS LUZ GRACIAS AL VIENTO?

PREGUNTA PRINCIPAL ? ¿Cuáles son algunas de las fuentes de energía de la Tierra?

Este hombre está reparando un aerogenerador en un parque eólico de Texas. La mayoría de los aerogeneradores están al menos a 30 metros del suelo, donde los vientos son rápidos. La velocidad del viento y la longitud de las paletas determinan la mejor manera de aprovechar el viento y transformarlo en energía. **Desarrolla hipótesis** ¿Por qué crees que se trabaja para aumentar la energía que se obtiene del viento?

> **UNTAMED SCIENCE** Mira el video de **Untamed Science** para aprender más sobre los recursos energéticos.

174 Recursos energéticos

¡Participa!

Al comienzo de cada capítulo verás dos preguntas: una Pregunta para participar y la Pregunta principal. Con la Pregunta principal de cada capítulo empezarás a pensar en las Grandes ideas de la ciencia. ¡Busca el símbolo de la Pregunta principal a lo largo del capítulo!

PREGUNTA PRINCIPAL ?

Untamed Science™

Sigue al equipo de los videos de *Untamed Science* mientras viaja por el mundo explorando las Grandes ideas de la ciencia.

Interactúa con tu libro.

Interactúa con la indagación.

Interactúa en línea.

Desarrolla destrezas de lectura, indagación y vocabulario

En cada lección aprenderás nuevas destrezas de lectura e indagación. Esas destrezas te ayudarán a leer y pensar como un científico. Las destrezas de vocabulario te permitirán comunicar ideas de manera efectiva y descubrir el significado de las palabras.

¡Conéctate!

Busca las opciones de tecnología de MyScienceOnline.com. En MyScienceOnline.com puedes sumergirte en un mundo virtual sorprendente, obtener práctica adicional en inglés e incluso participar de un *blog* sobre temas científicos de la actualidad.

Explora los conceptos clave.

Cada lección comienza con una serie de preguntas sobre conceptos clave. Las actividades interactivas de cada lección te ayudarán a entender esos conceptos y a descubrir la Pregunta principal.

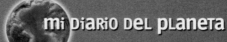

mi Diario Del planeta

Al comienzo de cada lección, Mi diario del planeta te presentará sucesos increíbles, personas importantes y descubrimientos significativos de la ciencia, o te ayudará a aclarar conceptos erróneos comunes en el mundo de la ciencia.

Desertificación Si se agotar[...] un área que alguna vez fue fér[...] transformación de un área fér[...] conoce como **desertificación**[...]

Una causa de la desertifica[...] un período en el que llueve m[...] de sequía, las cosechas fracasa[...] expuesto se vuela con facilidad[...] y ovino en las praderas y la tal[...] producir desertificación.

La desertificación es un pr[...] es posible sembrar cultivos ni[...] las personas pueden sufrir har[...] muy serio en África central. M[...] zonas rurales a las ciudades pe[...]

¡aplícalo[...]

La desertificación afecta a muchas áreas del mundo.

1 Nombra ¿En qué continent[...] se encuentra el desierto más grande?

2 Interpreta mapas ¿En qué [...] de los Estados Unidos hay may[...] riesgo de desertificación?

3 Infiere ¿La desertificación[...] un desierto? Explica tu respues[...] apoyar tu respuesta.

4 DESAFÍO Si un área se en[...] se podrían tomar para limitar e[...]

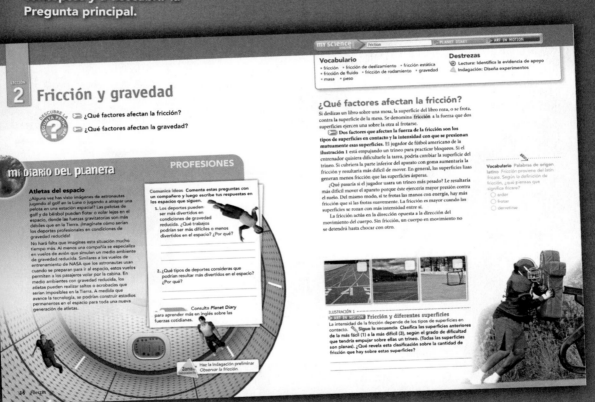

Explica lo que sabes.

Busca el símbolo del lápiz. Cuando lo veas, será momento de interactuar con tu libro y demostrar lo que has aprendido.

¡aplícalo!

Desarrolla tus conocimientos con las actividades de Aplícalo. Ésta es tu oportunidad de poner en práctica lo que aprendiste y aplicar esas destrezas a situaciones nuevas.

Zona de laboratorio

Cuando veas el triángulo de la Zona de laboratorio, es hora de hacer una indagación de laboratorio interactiva. En cada lección, tendrás la oportunidad de hacer una actividad de indagación interactiva que te ayudará a reforzar la comprensión del tema principal.

nutrientes del suelo de
rte en un desierto. La
ondiciones desérticas se

r ejemplo, una **sequía** es
en un lugar. En períodos
n de las plantas, el suelo
sivo del ganado vacuno
eña también pueden

reas desertificadas, no
o. Como consecuencia,
ificación es un problema
s se trasladan de las
n vivir de la tierra.

Clave
- Desierto existente
- Área de alto riesgo
- Área de riesgo moderado

sólo en áreas donde ya existe
círculo un área del mapa para

e desertificación, ¿qué medidas
ctos?

Recuperación de la tierra Afortunadamente, es posible reemplazar la tierra dañada por la erosión o la minería. El proceso que consiste en restaurar un área de tierra y llevarla a un estado más productivo se denomina **recuperación de la tierra.** Además de recuperar la tierra para la agricultura, este proceso puede recuperar hábitats para la vida silvestre. Hoy en día, en todo el mundo, se están llevando adelante muchos tipos diferentes de proyectos de recuperación de la tierra. De todos modos, suele ser más difícil y más caro restaurar la tierra y el suelo dañados que proteger esos recursos desde un primer momento. En algunos casos, es probable que la tierra nunca vuelva a su estado original.

ILUSTRACIÓN 4 ·····························
Recuperación de la tierra
Estas fotografías muestran un área de terreno antes y después de la explotación minera.

✎ **Comunica ideas** Debajo de las fotografías, escribe una historia sobre lo que sucedió con la tierra.

⬛ Evalúa tu comprensión

1a. Repasa El subsuelo tiene (menos/más) materia vegetal y animal que el suelo superior.

b. Explica ¿Qué puede suceder con el suelo si se sacan las plantas?

c. Aplica conceptos que podrían im
recuperación

Zona de laboratorio — Haz la Actividad rápida de laboratorio *Hacer mod* la conse

¿comprendiste? ·······························

○ ¡Comprendí! Ahora sé que la administración del suelo es importa

○ Necesito más ayuda con

Consulta MY SCIENCE COACH *en línea para obtener ayuda en inglés sobre este tema.*

¿comprendiste?

Evalúa tu progreso.

Después de responder la pregunta de ¿Comprendiste?, reflexiona sobre tu progreso. ¿Comprendiste el tema o necesitas un poco de ayuda? Recuerda: puedes consultar MY SCIENCE COACH **para más información en inglés.**

Explora la Pregunta principal.

En un momento del capítulo, tendrás la oportunidad de poner en práctica todo lo que aprendiste para indagar más sobre la Pregunta principal.

Contaminación y soluciones

¿Qué podemos hacer para usar los recursos con responsabilidad?

ILUSTRACIÓN 4 ....
REAL-WORLD INQUIRY Todos los seres vivos dependen de la tierra, el aire y el agua. Conservar estos recursos para el futuro es importante. Parte de la conservación de los recursos consiste en identificar y limitar las fuentes de contaminación.

Interpretar fotos En la fotografía, escribe en cada círculo la letra que mejor identifica la fuente de contaminación.

Tierra
Describe al menos una cosa que tu comunidad podría hacer para reducir la contaminación de la tierra.

_____
_____
_____
_____
_____
_____

Aire
Describe al menos una cosa que tu comunidad podría hacer para reducir la contaminación del aire.

_____
_____
_____
_____
_____
_____

Agua
Describe al menos una cosa que tu comunida podría hacer para reducir la contaminación del agua.

_____
_____
_____
_____
_____

Clave de las fuentes de contaminación

A. Sedimentos
B. Desechos sólidos urbanos
_____ ado por

Zona laboratorio — Haz la Activid... laboratorio Lin...

Evalúa tu comp...

1a. Define ¿Qué son los sedi...
_____

b. Explica ¿Cómo pueden a... limpiar un derrame de pe...
_____

c. ¿Qué podemo... recursos con r...
_____

d. DESAFÍO ¿Por qué una... querer reciclar los desec... pesar de que así reducir... del agua?
_____
_____
_____

¿comprendiste? ....
○ ¡Comprendí! Ahora s... reducir la contaminaci...
_____
_____
○ Necesito más ayuda c...

Consulta MY SCIENCE... obtener ayuda en inglé...

Responde la Pregunta principal.

Es hora de demostrar lo que sabes y responder la Pregunta principal.

Repasa lo que has aprendido.

Usa la Guía de estudio del capítulo para repasar
la Pregunta principal y prepararte para el examen.

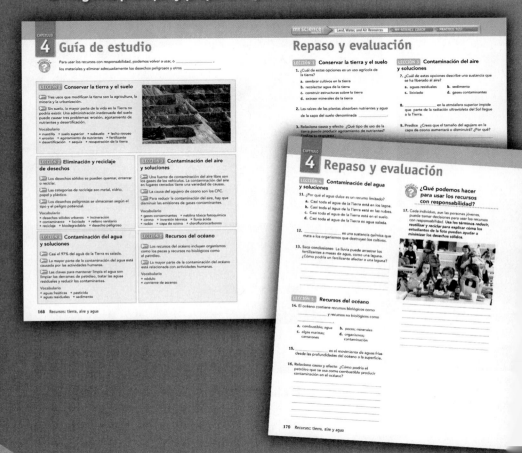

CAPÍTULO 4 Guía de estudio

Para usar los recursos con responsabilidad, podemos volver a usar, o _____ ,
los materiales y eliminar adecuadamente los desechos peligrosos y otros _____ .

LECCIÓN 1 Conservar la tierra y el suelo

Tres usos que modifican la tierra son la agricultura, la minería y la urbanización.

Sin suelo, la mayor parte de la vida en la Tierra no podría existir. Una administración inadecuada del suelo puede causar tres problemas: erosión, agotamiento de nutrientes y desertificación.

Vocabulario
• mantillo • suelo superior • subsuelo • lecho rocoso
• erosión • agotamiento de nutrientes • fertilizante
• desertificación • sequía • recuperación de la tierra

LECCIÓN 2 Eliminación y reciclaje de desechos

Los desechos sólidos se pueden quemar, enterrar o reciclar.

Las categorías de reciclaje son metal, vidrio, papel y plástico.

Los desechos peligrosos se almacenan según el tipo y el peligro potencial.

Vocabulario
• desechos sólidos urbanos • incineración
• contaminante • lixiviado • relleno sanitario
• reciclaje • biodegradable • desecho peligroso

LECCIÓN 3 Contaminación del aire y soluciones

Una fuente de contaminación del aire libre son los gases de los vehículos. La contaminación del aire en lugares cerrados tiene una variedad de causas.

La causa del agujero de ozono son los CFC.

Para reducir la contaminación del aire, hay que disminuir las emisiones de gases contaminantes.

Vocabulario
• gases contaminantes • neblina tóxica fotoquímica
• ozono • inversión térmica • lluvia ácida
• radón • capa de ozono • clorofluorocarbonos

LECCIÓN 4 Contaminación del agua y soluciones

Casi el 97% del agua de la Tierra es salada.

La mayor parte de la contaminación del agua está causada por las actividades humanas.

Las claves para mantener limpia el agua son limpiar los derrames de petróleo, tratar las aguas residuales y reducir los contaminantes.

Vocabulario
• aguas freáticas • pesticida
• aguas residuales • sedimento

LECCIÓN 5 Recursos del océano

Los recursos del océano incluyen organismos como los peces y recursos no biológicos como el petróleo.

La mayor parte de la contaminación del océano está relacionada con actividades humanas.

Vocabulario
• nódulo
• corriente de ascenso

168 Recursos: tierra, aire y agua

CAPÍTULO 4 Repaso y evaluación

LECCIÓN 1 Conservar la tierra y el suelo

1. ¿Cuál de estas opciones es un uso agrícola de la tierra?
   a. sembrar cultivos en la tierra
   b. recolectar agua de la tierra
   c. construir estructuras sobre la tierra
   d. extraer minerales de la tierra

2. Las raíces de las plantas absorben nutrientes y agua de la capa del suelo denominada _____ .

3. Relaciona causa y efecto ¿Qué tipo de uso de la tierra puede producir agotamiento de nutrientes? Justifica tu respuesta.

LECCIÓN 3 Contaminación del aire y soluciones

7. ¿Cuál de estas opciones describe una sustancia que se ha liberado al aire?
   a. aguas residuales   b. sedimento
   c. lixiviado   d. gases contaminantes

8. _____ en la atmósfera superior impide que parte de la radiación ultravioleta del Sol llegue a la Tierra.

9. Predice ¿Crees que el tamaño del agujero en la capa de ozono aumentará o disminuirá? ¿Por qué?

CAPÍTULO 4 Repaso y evaluación

LECCIÓN 4 Contaminación del agua y soluciones

11. ¿Por qué el agua dulce es un recurso limitado?
    a. Casi toda el agua de la Tierra está en los lagos.
    b. Casi toda el agua de la Tierra está en las nubes.
    c. Casi toda el agua de la Tierra está en el suelo.
    d. Casi toda el agua de la Tierra es agua salada.

12. _____ es una sustancia química que mata a los organismos que destruyen los cultivos.

13. Saca conclusiones La lluvia puede arrastrar los fertilizantes a masas de agua, como una laguna. ¿Cómo podría un fertilizante afectar a una laguna?

LECCIÓN 5 Recursos del océano

14. El océano contiene recursos biológicos como _____ y recursos no biológicos como _____
    a. combustible; agua   b. peces; minerales
    c. algas marinas;   d. organismos;
       camarones   contaminación

15. _____ es el movimiento de aguas frías desde las profundidades del océano a la superficie.

16. Relaciona causa y efecto ¿Cómo podría el petróleo que se usa como combustible producir contaminación en el océano?

¿Qué podemos hacer para usar los recursos con responsabilidad?

17. Cada individuo, aun las personas jóvenes, puede tomar decisiones para usar los recursos con responsabilidad. Usa los términos reducir, reutilizar y reciclar para explicar cómo los estudiantes de la foto pueden ayudar a minimizar los desechos sólidos.

170 Recursos: tierra, aire y agua

Practica para los exámenes.

Aplica la Pregunta principal y haz un
examen de práctica en el formato
de examen estandarizado.

159

THE BIG QUESTION

Cada capítulo en línea comienza con una Pregunta principal. Tu misión es descubrir el significado de esa Pregunta principal a medida que se desarrolla cada lección de Ciencias.

VOCAB FLASH CARDS

Practica el vocabulario del capítulo con las tarjetas de vocabulario interactivas. Cada tarjeta tiene una imagen, definiciones en español y en inglés, y un espacio para que escribas tus notas.

INTERACTIVE ART

En MyScienceOnline.com, muchas de las hermosas imágenes de tu libro se vuelven interactivas para que puedas ampliar tus conocimientos.

CONÉCTATE

my science online.com | Populations and Communities | PLANET DIARY | LAB ZONE | VIRTUAL LAB

http://www.myscienceonline.com/

> PLANET DIARY

Consulta *My Planet Diary* en línea para hallar más información y actividades en inglés relacionadas con el tema de la lección.

Elaborate | Evaluate

Tools

Still Growing! Mount Everest in the Himalayas is the highest mountain on Earth. Climbers who reach the peak stand 8,850 meters above sea level. You might think that mountains never change. But forces inside Earth push Mount Everest at least several millimeters higher each year. Over time, Earth's forces slowly but constantly lift, stretch, bend, and break Earth's crust in dramatic ways!

> Planet Diary Go to Planet Diary to learn more about forces in the Earth's crust.

Next
22 of 22
Back

0:35 / 1:30

> VIRTUAL LAB

Obtén más práctica en estos laboratorios virtuales realistas. Manipula las variables en pantalla y pon a prueba tus hipótesis.

Busca tu capítulo

1 Visita www.myscienceonline.com.

2 Ingresa tu nombre de usuario y contraseña.

3 Haz clic en tu programa y selecciona el capítulo.

Búsqueda de palabras clave

1 Visita www.myscienceonline.com.

2 Ingresa tu nombre de usuario y contraseña.

3 Haz clic en tu programa y selecciona *Search* (Buscar).

4 Escribe en el casillero de búsqueda la palabra clave en inglés (que aparece en tu libro).

Contenido adicional disponible en línea

> **UNTAMED SCIENCE** Sigue las aventuras de estos jóvenes científicos en sus sorprendentes *blogs* con videos en línea mientras viajan por el mundo en busca de respuestas a las Preguntas principales de la ciencia.

> **MY SCIENCE COACH** ¿Necesitas más ayuda? *My Science Coach* es tu compañero de estudio personal en línea. *My Science Coach* es una oportunidad para obtener más práctica en inglés con los conceptos clave de Ciencias. Te permite elegir varias herramientas distintas que te orientarán en cada lección de Ciencias.

> **MY READING WEB** ¿Necesitas más ayuda con las lecturas de un tema de Ciencias en particular? En *My Reading Web* encontrarás una variedad de selecciones en inglés adaptadas a tu nivel de lectura específico.

LAS GRANDES IDEAS DE LA CIENCIA

¿Alguna vez has resuelto un rompecabezas? Generalmente, los rompecabezas tienen un tema que sirve de guía para agrupar las piezas según lo que tienen en común. Pero el rompecabezas no queda resuelto hasta que se colocan todas las piezas. Estudiar Ciencias es como resolver un rompecabezas. Las grandes ideas de la ciencia son como temas de un rompecabezas. Para entender las grandes ideas, los científicos hacen preguntas. Las respuestas a esas preguntas son como las piezas de un rompecabezas. Cada capítulo de este libro plantea una pregunta principal para que pienses en una gran idea de la ciencia. A medida que respondas estas preguntas principales, estarás más cerca de comprender la gran idea.

✎ **Antes de leer cada capítulo, escribe qué sabes y qué más te gustaría saber sobre el tema.**

Grant Wiggins, co-autor de *Understanding by Design*

GRANIDEA

La tierra, el agua, el aire y los seres vivos forman un sistema.

Muchas formas de vida marina, como esta orca que hace piruetas cerca de la costa, interactúan todos los días con la tierra, el aire y el agua de nuestro planeta.

¿Qué sabes sobre la interacción de la tierra, el agua, el aire y la vida en nuestro planeta?

✎ **¿Qué te gustaría saber?**

_____

_____

_____

Pregunta principal

❓ ¿Cómo es la estructura de la Tierra? Capítulo 1

✎ **Después de leer el capítulo, escribe lo que has aprendido sobre la Gran idea.**

_____

_____

_____

A lo largo de millones de años, las fuerzas del interior de la Tierra pueden transformar lentamente una llanura en colinas de roca plegada, como la roca de esta fotografía tomada en Grecia.

La Tierra es un planeta en continuo cambio.

En 2009, la erupción de un volcán submarino en la costa de Tonga formó una nueva isla pequeña en el océano Pacífico.

¿Qué sabes sobre la manera en que cambia la Tierra todos los días?

✏️ **¿Qué te gustaría saber?**

_____

_____

_____

_____

Preguntas principales

❓ **¿Cómo se forman las rocas?** Capítulo 2

❓ **¿Cómo afecta a la corteza terrestre el movimiento de las placas?** Capítulo 3

❓ **¿Por qué los terremotos son más frecuentes en algunos lugares que en otros?** Capítulo 4

❓ **¿Cómo se producen las erupciones volcánicas?** Capítulo 5

✏️ **Después de leer los capítulos, escribe lo que has aprendido sobre la Gran idea.**

_____

_____

_____

_____

_____

¿A QUÉ PROFUNDIDAD PUEDE LLEGAR ESTE ALPINISTA?

PREGUNTA PRINCIPAL

¿Cómo es la estructura de la Tierra?

A medida que desciende por un cañón, este alpinista se acerca cada vez más al centro de la Tierra. Pero, ¿cuán lejos podrá llegar? A veces, cuando bajan por pasajes oscuros y angostos de tierra y roca, los alpinistas deben excavar para poder pasar. Algunos espeleólogos, o exploradores de cuevas, han llegado a descender por cuevas de más de 2,000 metros de profundidad… ¡una distancia que equivale a casi 22 estadios de fútbol americano!

Predice Si este alpinista pudiera descender hasta el centro de la Tierra, ¿qué otros materiales además de tierra y roca sólida podría hallar en el camino? Explica tu respuesta.

_____

_____

_____

_____

▷ **UNTAMED SCIENCE** Mira el video de **Untamed Science** para aprender más sobre la estructura de la Tierra.

Introducción a la Tierra

1 Para comenzar

Verifica tu comprensión

1. Preparación Lee el párrafo siguiente y luego responde la pregunta.

Durante una excursión, Paula observó que los acantilados que estaban cerca del mar parecían desgastados y preguntó: "¿Qué pasó con las partes que faltan de los acantilados?". La maestra respondió: "Los acantilados están expuestos durante todo el año a las **fuerzas** de la naturaleza. El clima hostil provoca que algunas partes de los acantilados se quiebren, y la **gravedad** hace que esas partes caigan al mar. Luego, las olas reducen esas partes a **partículas** pequeñas, y a esas partículas se las lleva el mar".

Una **fuerza** es un agente de la naturaleza que actúa sobre un cuerpo.

La **gravedad** es la fuerza que atrae a los cuerpos hacia el centro de la Tierra.

Una **partícula** es un fragmento muy pequeño que proviene de un objeto de mayor tamaño.

- ¿Cuáles son las fuerzas que cada año modifican los acantilados de la costa?

_____

_____

> **MY READING WEB** Si tuviste dificultades para responder la pregunta anterior, visita *My Reading Web* y escribe *Introducing Earth*.

Destreza de vocabulario

Identificar familias de palabras Puedes enriquecer tu vocabulario al aprender palabras de la misma familia. Si sabes que el sustantivo *energía* significa "capacidad para realizar un trabajo", puedes deducir el significado del adjetivo *energético*.

Verbo	Sustantivo	Adjetivo
destruir reducir a pedazos	destrucción el proceso de reducir algo a pedazos	destructivo que tiende a causar daño o a reducir cosas a pedazos
irradiar liberar energía	radiación energía liberada en forma de ondas o rayos	radiante liberada en forma de ondas o rayos

2. Verificación rápida Repasa las palabras relacionadas con *destruir*. Luego, encierra en un círculo la forma correcta de la palabra *destruir* en esta oración.

- Los vientos (destrucciones/destructivos) de un huracán pueden ser muy peligrosos.

sistema

hidrósfera

basalto

corriente de convección

Vistazo al capítulo

LECCIÓN 1

- sistema
- energía
- atmósfera
- geósfera
- hidrósfera
- biósfera
- fuerza constructiva
- fuerza destructiva

⟳ **Pregunta**
△ **Saca conclusiones**

LECCIÓN 2

- onda sísmica
- presión
- corteza terrestre
- basalto
- granito
- manto
- litósfera
- astenósfera
- núcleo externo
- núcleo interno

⟳ **Identifica la evidencia de apoyo**
△ **Interpreta datos**

LECCIÓN 3

- radiación
- convección
- conducción
- densidad
- corriente de convección

⟳ **Relaciona causa y efecto**
△ **Comunica ideas**

▶ VOCAB FLASH CARDS Para obtener más ayuda con el vocabulario, visita *Vocab Flash Cards* y escribe *Introducing Earth.*

Sistema terrestre

🔑 **¿Cuáles son las partes principales del sistema de la Tierra?**

🔑 **¿Cómo cambian la Tierra las fuerzas constructivas y las destructivas?**

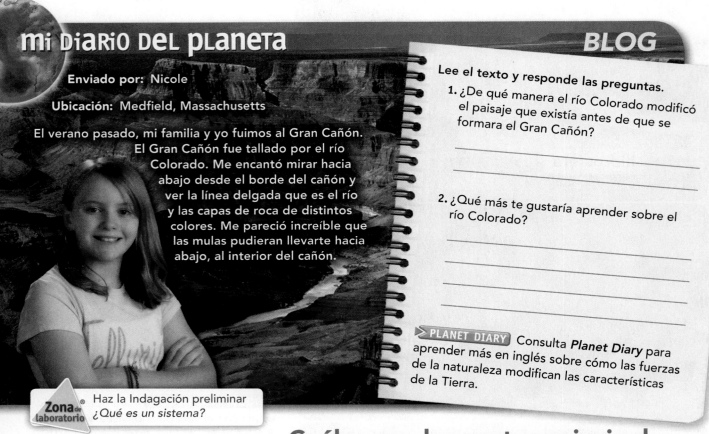

mi DiaRio DeL pLaneTa

BLOG

Enviado por: Nicole

Ubicación: Medfield, Massachusetts

El verano pasado, mi familia y yo fuimos al Gran Cañón. El Gran Cañón fue tallado por el río Colorado. Me encantó mirar hacia abajo desde el borde del cañón y ver la línea delgada que es el río y las capas de roca de distintos colores. Me pareció increíble que las mulas pudieran llevarte hacia abajo, al interior del cañón.

Lee el texto y responde las preguntas.

1. ¿De qué manera el río Colorado modificó el paisaje que existía antes de que se formara el Gran Cañón?

_____

_____

2. ¿Qué más te gustaría aprender sobre el río Colorado?

_____

_____

_____

_____

> **PLANET DIARY** Consulta **Planet Diary** para aprender más en inglés sobre cómo las fuerzas de la naturaleza modifican las características de la Tierra.

Zona de laboratorio Haz la Indagación preliminar *¿Qué es un sistema?*

¿Cuáles son las partes principales del sistema de la Tierra?

El Gran Cañón está compuesto de distintas partes. Las paredes del cañón están formadas por roca y, a lo largo del cañón, fluye agua en forma de río, que va desgastando lentamente la roca. Algunos animales, como los ciervos, beben agua del río. Y el cañón está lleno de aire, lo que permite que los animales respiren. Todas estas partes trabajan en conjunto, por lo tanto, el medio ambiente del Gran Cañón se considera un sistema. Un **sistema** es un grupo de partes que trabajan en conjunto. En la **ilustración 1** se ve cómo el aire, el agua, la roca y los seres vivos trabajan juntos en otra parte de la Tierra.

Vocabulario
- sistema • energía • atmósfera • geósfera
- hidrósfera • biósfera • fuerza constructiva
- fuerza destructiva

Destrezas
↻ Lectura: Pregunta
△ Indagación: Saca conclusiones

La Tierra como sistema

El sistema de la Tierra consiste en el flujo constante de materia por distintas partes. Por ejemplo, seguramente sabes que, en el *ciclo del agua*, el agua se evapora desde el océano, sube a la atmósfera y cae del cielo en forma de lluvia. Luego, el agua de lluvia fluye hacia el interior de la Tierra y sobre la superficie y, finalmente, vuelve al océano.

Quizá te sorprenda saber que la roca también tiene su ciclo en el sistema de la Tierra. Por ejemplo, se puede formar roca nueva a partir del material fundido que hay en el interior de la Tierra, denominado *magma*. Cuando este material sale a la superficie, se endurece sobre el suelo y forma roca nueva. A su vez, esta roca nueva puede erosionarse y dividirse en pedazos más pequeños. El océano puede llevarse algunos de estos fragmentos, que descienden hasta el fondo en forma de partículas pequeñas, o *sedimento*. Si se acumula una cantidad suficiente de estas partículas pequeñas, el peso del sedimento puede aplastar todas las partículas, que se cementan en una sola masa y forman roca nueva. El flujo de roca a través del sistema de la Tierra se denomina *ciclo de la roca*.

El flujo constante, o ciclo, de materia en el sistema de la Tierra es impulsado por la energía. La **energía** es la capacidad para realizar un trabajo. La energía que impulsa al sistema de la Tierra tiene dos fuentes principales: el calor que proviene del Sol y el calor que fluye desde el interior de la Tierra a medida que se enfría.

ILUSTRACIÓN 1 ·······························
¡Todos los sistemas en marcha!
Las distintas partes del sistema de la Tierra trabajan en conjunto.

✎ **Desarrolla hipótesis** Observa la fotografía. Elige una parte del sistema de la Tierra (roca, agua, aire o seres vivos) y describe cómo podrían verse afectadas las otras partes si se eliminara la primera parte.

_____
_____
_____
_____
_____
_____
_____
_____
_____
_____
_____
_____

Las partes del sistema de la Tierra

La Tierra contiene aire, agua, tierra y seres vivos. Cada una de estas partes forma, a su vez, su propia parte, o "esfera". 🔑 **El sistema de la Tierra tiene cuatro esferas principales: la atmósfera, la hidrósfera, la geósfera y la biósfera. Como el Sol es la fuente principal de energía para los procesos de la Tierra, se puede considerar que también forma parte del sistema de la Tierra.** Cada una de las partes del sistema de la Tierra puede estudiarse por separado, pero todas están interconectadas, como muestra la **ilustración 2.**

Una de las partes más importantes del sistema de la Tierra… ¡eres tú! Los seres humanos causan un gran efecto sobre el aire, el agua, la tierra y los seres vivos de la Tierra. Por ejemplo, en los Estados Unidos, la cantidad de tierra pavimentada, que incluye calles y estacionamientos, cubre una superficie mayor que el estado de Georgia.

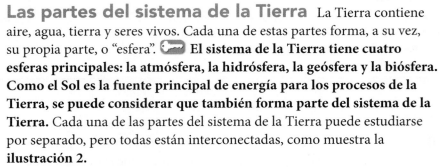

ILUSTRACIÓN 2 ······························
> **INTERACTIVE ART** El sistema de la Tierra

Las cuatro esferas de la Tierra pueden afectarse unas a otras.

✎ **Interpreta fotos** Lee las descripciones de las cuatro esferas de la Tierra. En el espacio en blanco de cada recuadro, describe qué dos esferas están interactuando en la fotografía pequeña que se encuentra junto al recuadro.

Atmósfera

La capa exterior de la Tierra es una mezcla de gases, principalmente nitrógeno y oxígeno. También está formada por partículas de polvo, gotitas de agua en forma de nubes, y lluvia y nieve que se forman a partir de vapor de agua. Contiene el clima de la Tierra y es la base de los diferentes climas en todo el mundo. La **atmósfera** de la Tierra es la envoltura relativamente delgada de gases que forma la capa exterior de la Tierra.

_____

_____

Geósfera

Prácticamente toda la masa de la Tierra está en los metales y las rocas sólidas, además de otros materiales. La **geósfera** de la Tierra está compuesta por tres partes principales: un núcleo de metal, una capa intermedia sólida y una capa externa rocosa.

_____

_____

Hidrósfera

Cerca de las tres cuartas partes de la Tierra están cubiertas de una capa relativamente delgada de agua. En la Tierra hay agua en forma de océanos, glaciares, ríos, lagos, aguas freáticas, o aguas subterráneas, y vapor de agua. La mayor parte del agua que se encuentra en la superficie es agua salada de los océanos. Sólo una porción diminuta de la hidrósfera está constituida por agua dulce que es potable para los seres humanos. La **hidrósfera** contiene toda el agua de la Tierra.

_____

_____

Retroalimentación dentro de un sistema

Hace años que los hielos del Parque Nacional de los Glaciares, en Montana, se están derritiendo. El derretimiento se debe al aumento de la temperatura. A medida que disminuye el volumen de hielo de los glaciares, la tierra que rodea a los glaciares se calienta. El calentamiento de la tierra acelera aún más el derretimiento de los glaciares.

El derretimiento de los glaciares en el Parque Nacional de los Glaciares es un ejemplo de un proceso denominado *retroalimentación*. En la retroalimentación, un sistema se devuelve información a sí mismo sobre un cambio en el sistema. En el Parque Nacional de los Glaciares, el suelo que rodea los glaciares que se están derritiendo devuelve temperaturas más cálidas a los glaciares. La retroalimentación puede incrementar los efectos de un cambio, como en el caso del calentamiento de los glaciares, o desacelerar esos efectos. La retroalimentación demuestra cómo los cambios en una parte del sistema de la Tierra pueden afectar a otras partes. Por ejemplo, la retroalimentación del derretimiento de los glaciares afecta a la geósfera (el suelo), la hidrósfera (los glaciares) y la atmósfera (el clima).

Pregunta Escribe una pregunta sobre la retroalimentación. Luego, lee el texto y responde tu pregunta.

_____
_____
_____
_____
_____
_____
_____

Zona de laboratorio®   Haz la Actividad rápida de laboratorio *Las partes del sistema de la Tierra.*

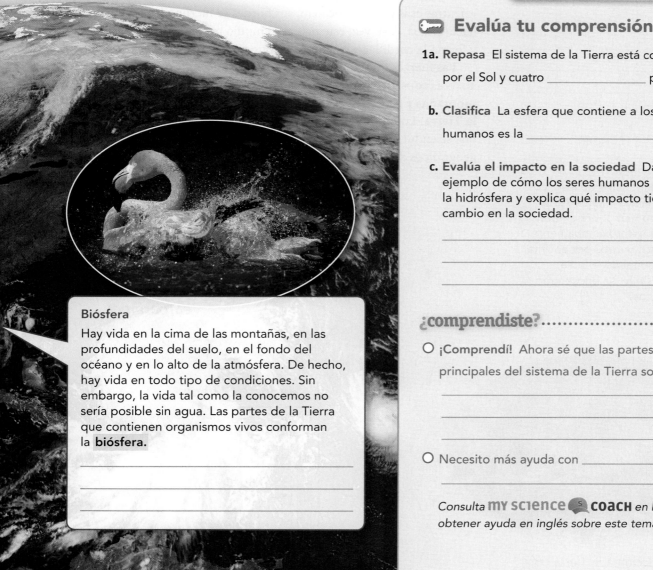

Biósfera

Hay vida en la cima de las montañas, en las profundidades del suelo, en el fondo del océano y en lo alto de la atmósfera. De hecho, hay vida en todo tipo de condiciones. Sin embargo, la vida tal como la conocemos no sería posible sin agua. Las partes de la Tierra que contienen organismos vivos conforman la **biósfera.**

_____
_____
_____

Evalúa tu comprensión

1a. Repasa El sistema de la Tierra está compuesto por el Sol y cuatro _____ principales.

b. Clasifica La esfera que contiene a los seres humanos es la _____

c. Evalúa el impacto en la sociedad Da un ejemplo de cómo los seres humanos afectan la hidrósfera y explica qué impacto tiene este cambio en la sociedad.

_____
_____
_____

¿comprendiste?......................

○ **¡Comprendí!** Ahora sé que las partes principales del sistema de la Tierra son _____

_____
_____
_____

○ **Necesito más ayuda con** _____

_____

Consulta MY SCIENCE COACH *en línea para obtener ayuda en inglés sobre este tema.*

¿Cómo cambian la Tierra las fuerzas constructivas y las destructivas?

Imagínate que dejas una cámara para que filme un lugar dado durante los próximos 100 millones de años y luego ves la película en cámara rápida. Verías cómo se forman las tierras bajas y las montañas, pero también las verías desaparecer a causa de la erosión. 🗝 **Existen fuerzas opuestas que crean y destruyen accidentes geográficos de manera constante.**

Fuerzas constructivas Las montañas del Himalaya son las más altas de la Tierra. Pero la roca allí contiene *fósiles*, o restos, de animales marinos como los amonites. ¿Cómo es posible que los restos de criaturas que vivieron en el fondo del mar se hallen ahora en la cima del mundo?

El Himalaya se formó por el choque entre dos secciones de la *litósfera*, o capa exterior de roca sólida y dura de la Tierra. Esta capa se divide en trozos gigantes, o *placas*, que se mueven lentamente por la Tierra. Este movimiento de las placas de la Tierra se denomina *tectónica de placas*.

El Himalaya se formó como resultado del choque entre la placa que contiene a la India y la que contiene a China. Durante millones de años, mientras esas placas chocaban, sus bordes se fueron plegando lentamente hacia arriba. A su vez, este proceso empujó hacia arriba el suelo oceánico y formó la cordillera del Himalaya que muestra la **ilustración 3**.

Las fuerzas que construyen, o levantan, montañas se denominan **fuerzas constructivas.** 🗝 **Las fuerzas constructivas hacen surgir montañas y otros accidentes geográficos, y dan forma a la superficie de la Tierra.** Los volcanes forman la superficie de la Tierra al despedir lava, que se endurece y se convierte en roca. Los terremotos forman accidentes geográficos al levantar montañas y roca.

ILUSTRACIÓN 3 ·············
Del mar a la montaña
Las fuerzas constructivas hicieron surgir las montañas del Himalaya.

✎ **Responde las preguntas.**

1. **Explica** ¿Por qué hay fósiles de amonites en el Himalaya?

_____

_____

_____

_____

_____

_____

_____

2. **Calcula** Muchos de los picos del Himalaya están a 7,300 metros o más sobre el nivel del mar. ¿Aproximadamente a cuántos metros por encima de la capital de la India, Nueva Delhi, se encuentran esos picos?

_____

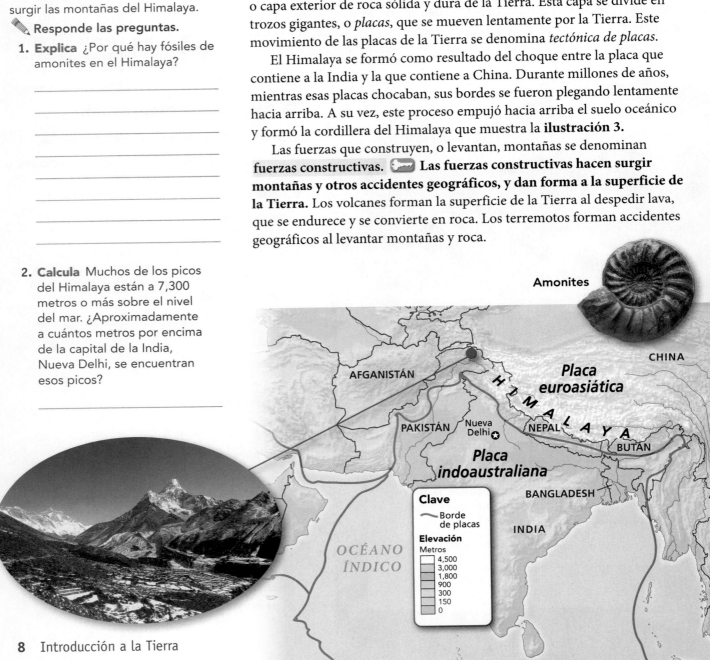

Amonites

CHINA

Placa euroasiática

AFGANISTÁN

HIMALAYA

PAKISTÁN

Nueva Delhi ✪

NEPAL

BUTÁN

Placa indoaustraliana

BANGLADESH

INDIA

OCÉANO ÍNDICO

Clave

— Borde de placas

Elevación
Metros

4,500
3,000
1,800
900
300
150
0

Fuerzas destructivas Si bien el Himalaya sigue elevándose, al mismo tiempo se va desmoronando. El hielo, la lluvia, el viento y los cambios de temperatura quiebran la roca. Este proceso se denomina *desgaste*. Después de que la roca se parte, la gravedad la atrae hacia abajo. Con el tiempo, los ríos y los arroyos transportan la mayor parte del material erosionado.

Debido a que las fuerzas como el hielo, la lluvia, el viento y los cambios de temperatura desgastan, o destruyen, masas de tierra, se las denomina **fuerzas destructivas**. 🔑 **Las fuerzas destructivas destruyen y desgastan masas de tierra mediante procesos como la erosión y el desgaste.** La *erosión* es el proceso por el cual fuerzas naturales como el agua, el hielo o el viento desgastan y transportan masas de tierra.

Vocabulario Identificar familias de palabras Usa el texto y tus conocimientos de la palabra *desgastar* para escribir una definición de *desgaste*.

_____
_____
_____
_____

¡aplícalo!

Desde 1983, la lava del volcán Kilauea ha cubierto más de 100 kilómetros cuadrados de tierra en Hawaii. Allí, la lava fluye hacia el océano Pacífico. Al llegar al agua, se enfría rápido. Cuando la lava se enfría, se endurece y forma roca nueva.

❶ ◤ **Saca conclusiones** Las fuerzas que provocan la erupción de lava son fuerzas (constructivas/destructivas).

❷ DESAFÍO Además del clima, ¿qué otra fuerza desgasta la roca nueva formada por el magma del volcán Kilauea?

_____
_____

 Zona de **laboratorio** | Haz la Actividad rápida de laboratorio *¿Qué fuerzas dan forma a la Tierra?*

🔑 Evalúa tu comprensión

2a. Repasa Las fuerzas que erosionan las montañas son fuerzas (constructivas/destructivas).

b. Haz una lista Haz una lista de las fuerzas destructivas que actúan sobre las montañas y las erosionan.

_____
_____

c. Relaciona causa y efecto ¿Cómo cambian la Tierra las fuerzas destructivas?

_____
_____
_____
_____
_____

¿comprendiste?...

○ **¡Comprendí!** Ahora sé que las fuerzas constructivas y destructivas cambian la Tierra al _____

○ Necesito más ayuda con _____

Consulta MY SCIENCE s COACH *en línea para obtener ayuda en inglés sobre este tema*

2 El interior de la Tierra

🔑 **¿Cómo estudian los geólogos el interior de la Tierra?**

🔑 **¿Qué características tienen la corteza terrestre, el manto y el núcleo de la Tierra?**

mi DiaRiO DeL pLaneta

PROFESIONES

Dentro de la Tierra

En lo más profundo de la Tierra, nuestro planeta cambia constantemente. El Dr. Samuel B. Mukasa, geoquímico de la Universidad de Michigan, estudia algunos de esos cambios. El Dr. Mukasa analiza rocas de la Antártida que subieron a la superficie de la Tierra impulsadas por el magma. Cuando analiza las rocas, busca elementos que existen en cantidades muy pequeñas. Estos elementos pueden revelar procesos que ocurren cerca del límite entre la corteza terrestre y el manto, o a veces incluso en niveles más profundos. Mediante el estudio de las rocas de la superficie terrestre, el Dr. Mukasa nos ayuda a comprender el interior de la Tierra.

Lee el texto y luego responde la pregunta.

¿Cómo puede el Dr. Mukasa estudiar el interior de la Tierra sin verlo?

_____

_____

_____

_____

_____

> PLANET DIARY Consulta *Planet Diary* para aprender más en inglés sobre el interior de la Tierra.

Zona de laboratorio ® Haz la Indagación preliminar *El interior de la Tierra.*

¿Cómo estudian los geólogos el interior de la Tierra?

Generalmente, los procesos que afectan la superficie terrestre son el resultado de lo que ocurre en el interior de la Tierra. Pero, ¿qué sucede allí? Esto no es fácil de responder, porque los geólogos no pueden ver las regiones más profundas de la Tierra. Pero han encontrado otros métodos de estudio. 🔑 **Los geólogos usan dos tipos principales de evidencia para estudiar el interior de la Tierra: la evidencia directa de las muestras de roca y la evidencia indirecta de las ondas sísmicas.**

Vocabulario

- onda sísmica • presión • corteza terrestre • basalto
- granito • manto • litósfera • astenósfera
- núcleo externo • núcleo interno

Destrezas

🔁 Lectura: Identifica la evidencia de apoyo

△ Indagación: Interpreta datos

La evidencia de las muestras de roca Para explorar el interior de la Tierra, los geólogos han cavado hoyos de hasta 12.3 kilómetros de profundidad. En las excavaciones se obtienen muestras de roca, que dan pistas a los geólogos sobre la estructura de la Tierra y las condiciones de su interior, donde se formaron las rocas. Además, a veces los volcanes expulsan rocas a la superficie desde una profundidad de más de 100 kilómetros. Esas rocas brindan más datos sobre el interior de la Tierra. Los geólogos recrean en laboratorios las condiciones del interior de la Tierra para ver cómo se comporta la roca. Por ejemplo, dirigen un rayo láser hacia trozos de roca mientras les aplican una fuerte presión.

La evidencia de las ondas sísmicas Para estudiar el interior de la Tierra, los geólogos usan un método indirecto. Los terremotos producen **ondas sísmicas.** Los geólogos registran estas ondas sísmicas y analizan cómo viajan a través de la Tierra. La rapidez de las ondas sísmicas y los caminos por los que viajan les dan a los geólogos una idea sobre cómo es la estructura del planeta. Es decir, el camino que recorren las ondas sísmicas revela las zonas dentro de la Tierra donde cambia la composición o la forma del material. Para comprender mejor cómo las ondas sísmicas pueden revelar información acerca del interior de la Tierra, observa en la **ilustración 1** de qué manera el camino que recorren las olas del océano (que son un tipo de onda) "revela" la presencia de la isla.

Dirección de las olas del océano

ILUSTRACIÓN 1 ·····································

Olas y ondas

El camino que recorren las olas del océano cambia cuando se topan con una isla.

✏️ **Infiere Los geólogos descubrieron que el camino que recorren las ondas sísmicas cambia cuando las ondas alcanzan determinada profundidad dentro de la Tierra. ¿Qué puedes inferir acerca de la estructura de la Tierra a partir de esta observación?**

Zona de laboratorio — Haz la Actividad rápida de laboratorio *¿Cómo descubren los científicos lo que hay en el interior de la Tierra?*

🔑 Evalúa tu comprensión

¿comprendiste? ··

○ **¡Comprendí!** Ahora sé que para estudiar el interior de la Tierra, los geólogos usan dos tipos principales de

evidencia: _____

_____

○ Necesito más ayuda con _____

Consulta **my science coach** *en línea para obtener ayuda en inglés sobre este tema.*

¿Qué características tienen la corteza terrestre, el manto y el núcleo de la Tierra?

Hoy en día, los científicos saben que el interior de la Tierra está formado por tres capas principales. Cada una de ellas cubre las capas que están debajo, como las capas de una cebolla. 🔑 **Las tres capas principales de la Tierra son la corteza, el manto y el núcleo. Estas capas son muy distintas entre sí en tamaño, composición, temperatura y presión.**

Si bien cada capa de la Tierra tiene sus propias características, algunas propiedades se aplican en toda la Tierra. Por ejemplo, cuanto mayor es la profundidad, más grande es la masa de roca que presiona desde arriba. La presión es el resultado de una fuerza que presiona contra una superficie. Debido al peso de la roca que se encuentra arriba, la presión en el interior de la Tierra aumenta con la profundidad. 🔑 **A medida que aumenta la profundidad en el interior de la Tierra, la presión es mayor.** Observa la **ilustración 2**. La presión en el interior de la Tierra aumenta al igual que aumenta la presión dentro de la piscina.

La masa de roca que ejerce presión de arriba abajo afecta la temperatura del interior de la Tierra. 🔑 **La temperatura del interior de la Tierra aumenta con la profundidad.** Inmediatamente debajo de la superficie de la Tierra, la roca está fría. Unos 20 metros más abajo, empieza a calentarse. Cada 40 metros de profundidad, la temperatura sube generalmente 1 °C. El ascenso veloz de la temperatura continúa por decenas de kilómetros. A cierta profundidad, la temperatura sube más lentamente, pero de manera constante. Las altas temperaturas del interior de la Tierra se deben a las grandes presiones que oprimen la roca y a la energía que liberan las sustancias radiactivas. También, parte del calor se conserva desde la formación de la Tierra hace 4,600 millones de años.

ILUSTRACIÓN 2 ························

Presión y profundidad
Cuanto más profundo desciende este nadador, mayor es la presión en el agua.

✎ **Compara y contrasta**
¿En qué se parece el agua de la piscina al interior de la Tierra? ¿En qué se diferencia? (*Pista*: Para responder esta pregunta, ten en cuenta tanto la temperatura como la presión).

_____
_____
_____
_____
_____
_____
_____
_____
_____

Profundidad
0

0.5 m

1 m

Aumento de la presión

1.5 m

2 m

La corteza terrestre

En verano, puedes escalar una montaña o ir de caminata por un valle sombreado. En ambas actividades, interactúas con la **corteza terrestre,** la capa de roca que forma la superficie externa de la Tierra. 🔑 **La corteza terrestre es una capa de roca sólida que incluye tanto la tierra firme como el suelo oceánico.** Sus elementos principales son el oxígeno y el silicio, como muestra la **ilustración 3.**

La corteza terrestre es mucho más delgada que la capa que se encuentra debajo. En la mayoría de las partes, su grosor varía entre 5 y 40 kilómetros. Es más gruesa debajo de las montañas altas, donde puede alcanzar hasta 80 kilómetros, y más delgada debajo del océano.

La corteza terrestre que está debajo del océano se denomina corteza oceánica y su composición se mantiene prácticamente constante. En general, la composición de la corteza terrestre es muy parecida a la del basalto, con cantidades pequeñas de sedimento oceánico en la parte superior. El **basalto** es una roca oscura de grano fino.

La corteza continental, que forma los continentes, contiene muchos tipos de roca. Por eso, a diferencia de la corteza terrestre, su composición varía mucho. En general, la composición de la corteza continental es muy parecida a la del granito. El **granito** es una roca que normalmente es de color claro y tiene granos gruesos. Tanto el granito como el basalto tienen más cantidad de oxígeno y de silicio que de cualquier otro elemento.

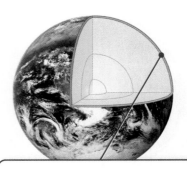

Lee el texto de esta página y luego completa la información que falta en los espacios que siguen.

Capa: _____

Grosor: _____

ILUSTRACIÓN 3 ·····························

La corteza terrestre

La corteza terrestre es la capa de roca sólida exterior de la Tierra.

La corteza terrestre

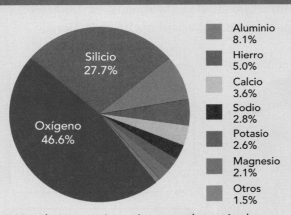

- Silicio 27.7%
- Oxígeno 46.6%
- Aluminio 8.1%
- Hierro 5.0%
- Calcio 3.6%
- Sodio 2.8%
- Potasio 2.6%
- Magnesio 2.1%
- Otros 1.5%

Nota: los porcentajes están expresados según el peso.

En la gráfica circular de arriba se muestra la composición de la corteza terrestre.

✎ **Consulta la gráfica y el texto de esta página para completar las actividades que siguen.**

1. **Lee gráficas** En total, ¿qué porcentaje de la corteza terrestre está compuesto por oxígeno y silicio?

   _____

2. **Resume** Completa la información que falta en los dos recuadros de la derecha.

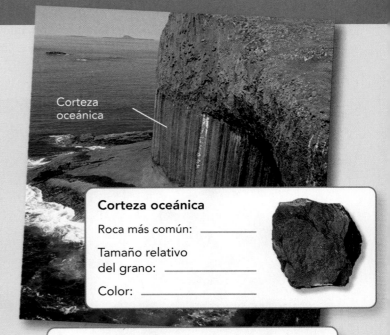

Corteza oceánica

Corteza oceánica

Roca más común: _____

Tamaño relativo del grano: _____

Color: _____

Corteza continental

Roca más común: _____

Tamaño relativo del grano: _____

Color: _____

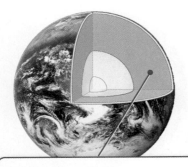

Lee el texto de esta página y luego completa la información que falta en los espacios que siguen.

Capa: _____

Grosor: _____

_____

El manto Aproximadamente 40 kilómetros debajo de la superficie, la roca que se encuentra en el interior de la Tierra cambia. Allí, la roca contiene más magnesio y hierro que la roca que se encuentra más arriba. La roca que está debajo de ese límite es el material sólido del **manto**, una capa de roca caliente. 🔑 **El manto está formado por roca que está a una temperatura muy alta, pero en estado sólido. Los científicos dividen el manto en capas basándose en las características físicas de cada capa. En total, el manto tiene un grosor aproximado de 3,000 kilómetros.**

La litósfera La capa más superficial del manto está formada por roca quebradiza, como la roca de la corteza terrestre. Tanto la corteza terrestre como la parte más superficial del manto son fuertes, duras y rígidas. Por eso, los geólogos suelen agrupar la corteza terrestre y el manto superior en una sola capa denominada **litósfera.** Como muestra la **ilustración 4,** la litósfera de la Tierra tiene un grosor promedio de unos 100 kilómetros.

La astenósfera Debajo de la litósfera, el material está más caliente y recibe cada vez más presión. Como resultado, la parte del manto que está inmediatamente debajo de la litósfera es menos rígida que la roca que se encuentra arriba. Con el transcurso de miles de años, esta parte del manto se puede doblar como una cuchara de metal. Pero sigue siendo sólida. Si la patearas, te dolería el pie. Esta capa blanda se denomina **astenósfera.**

La mesósfera Debajo de la astenósfera, el manto está caliente pero es más rígido. La rigidez de la mesósfera es el resultado de un aumento cada vez mayor en la presión. Esta capa incluye una región denominada zona de transición, que se encuentra justo debajo de la astenósfera. También incluye el manto inferior, que se extiende hasta el núcleo de la Tierra.

ILUSTRACIÓN 4 ························

El manto

El manto de la Tierra tiene un grosor aproximado de 3,000 kilómetros. La litósfera, que es rígida, yace sobre el material blando de la astenósfera.

✏️ **Describe Completa la información que falta en los recuadros que están a la derecha del diagrama del manto superior.**

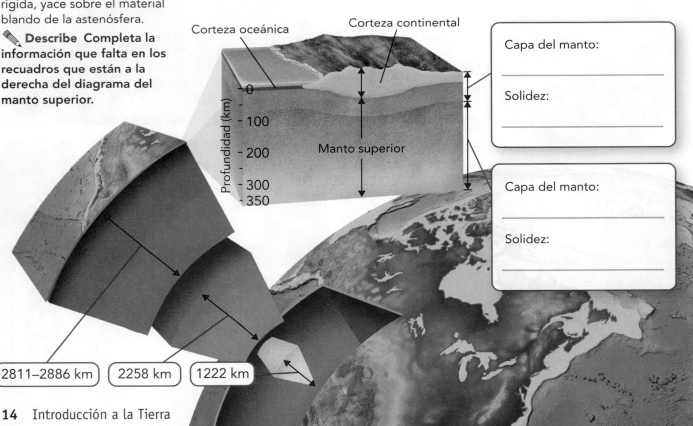

Corteza oceánica   Corteza continental

Profundidad (km)

— 0
— 100
— 200
— 300
— 350

Manto superior

Capa del manto: _____

Solidez: _____

Capa del manto: _____

Solidez: _____

2811–2886 km   2258 km   1222 km

El núcleo
Debajo del manto se encuentra el núcleo de la Tierra. **El núcleo está compuesto principalmente por dos metales: hierro y níquel. Consta de dos partes: un núcleo externo líquido y un núcleo interno sólido.** El núcleo externo tiene 2,258 km de grosor. El núcleo interno es una esfera sólida con un radio de 1,222 km. El núcleo de la Tierra, con un radio total de 3,480 km, ocupa el centro del planeta.

El núcleo externo y el núcleo interno El núcleo externo es una capa de metal fundido que rodea al núcleo interno. A pesar de la enorme presión, el núcleo externo es líquido. El núcleo interno es una esfera densa de metal sólido. En su interior, la presión extrema oprime tanto los átomos de hierro y de níquel que no pueden dispersarse y pasar al estado líquido.

Hoy día, la mayor parte de la evidencia sugiere que ambas partes del núcleo se componen de hierro y níquel. Pero los científicos han reunido datos que indican que el núcleo también contiene oxígeno, azufre y silicio.

Lee el texto de esta página y luego completa la información que falta en los espacios que siguen.

Capa: _____

Radio: _____

ILUSTRACIÓN 5 ·························

El núcleo
El núcleo de la Tierra tiene dos capas distintas.

✎ **Repasa** Ubica estos términos en el lugar correspondiente del diagrama de Venn.

metal sólido	metal fundido
hierro	níquel
esfera densa	capa líquida

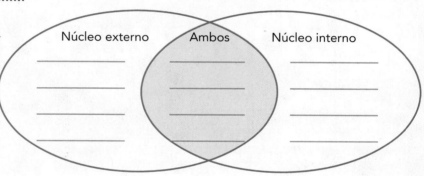

Núcleo externo   Ambos   Núcleo interno

¡Usa las matemáticas! Analiza datos

La temperatura de la Tierra
La gráfica muestra cambios de temperatura entre la superficie y el núcleo de la Tierra.

1 Lee gráficas ¿Entre qué profundidades aumenta más lentamente la temperatura?

_____

2 DESAFÍO ¿Por qué hay una temperatura de 16 °C a 0 metros de profundidad?

_____

_____

3 Interpreta datos ¿Cómo cambia la temperatura en relación con la profundidad?

_____

_____

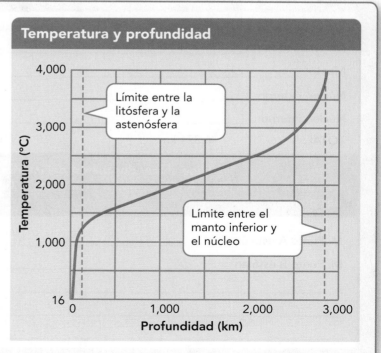

Temperatura y profundidad

Límite entre la litósfera y la astenósfera

Límite entre el manto inferior y el núcleo

Identifica la evidencia de apoyo
¿Cómo pueden las limaduras de hierro proporcionar evidencia de que una barra imantada tiene un campo magnético?

_____

_____

_____

_____

_____

_____

El núcleo y el campo magnético de la Tierra Los científicos piensan que los movimientos en el núcleo externo líquido son los que crean el campo magnético de la Tierra. Debido a que la Tierra tiene un campo magnético, el planeta actúa como una barra imantada gigante. El campo magnético de la Tierra afecta a todo el planeta.

Para entender cómo el campo magnético afecta a un objeto, observa la barra imantada de la **ilustración 6.** Si colocas la barra sobre una hoja de papel y esparces limaduras de hierro sobre el papel, las limaduras se alinean con el campo magnético de la barra imantada. Si pudieras rodear la Tierra con limaduras de hierro, éstas formarían un patrón similar.

Cuando usas una brújula, su aguja se alinea con las líneas de fuerza del campo magnético de la Tierra. Estas líneas se juntan en los polos magnéticos. La aguja apunta al polo norte *magnético* de la Tierra, que no está en el mismo lugar que el Polo Norte *geográfico* de la Tierra.

EXPLORA LA PREGUNTA PRINCIPAL
? El interior de la Tierra

¿Cómo es la estructura de la Tierra?

ILUSTRACIÓN 7 ··

▶ REAL-WORLD INQUIRY La Tierra está dividida en capas bien diferenciadas. Cada capa tiene sus propias características.

1. Resume Dibuja cada una de las capas de la Tierra. Incluye el núcleo externo y el núcleo interno. Rotula cada capa. Luego, completa la tabla que sigue.

	Grosor/radio	Composición	Sólido/líquido
Corteza terrestre:			
Manto:			
Núcleo externo:			
Núcleo interno:			
TOTAL:	6,371 km		

2. Compara y contrasta Elige al azar dos puntos del interior de la Tierra y rotúlalos con las letras A y B. Compara y contrasta la Tierra en esos dos puntos.

Mi Punto A está en _____

Mi Punto B está en _____

_____

_____

_____

ILUSTRACIÓN 6 ·································

El campo magnético de la Tierra

El campo magnético de la Tierra tiene un polo norte y un polo sur, como el campo magnético que hay en cada extremo de un imán.

✏️ **Nombra** ¿Hacia qué polo apuntaría la aguja de una brújula en América del Norte? (Subraya el rótulo correcto del polo en el globo terráqueo).

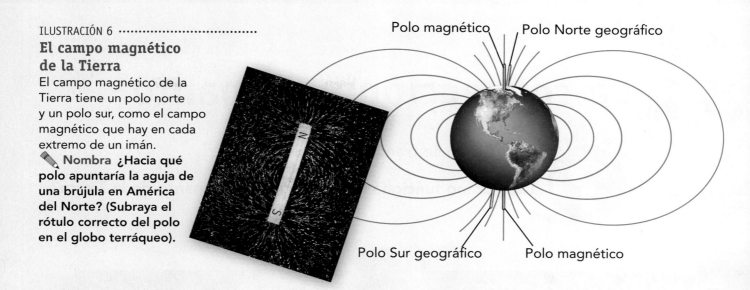

Polo magnético   Polo Norte geográfico

Polo Sur geográfico   Polo magnético

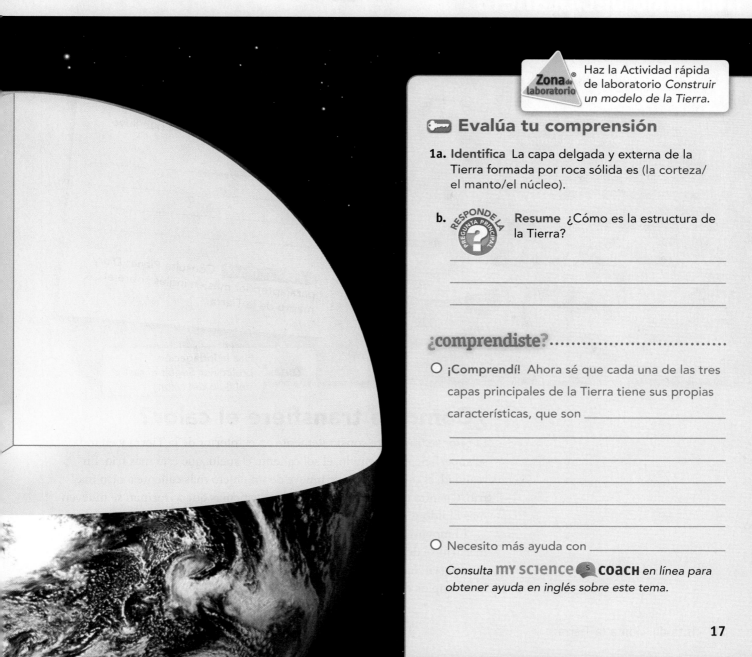

Zona de laboratorio® Haz la Actividad rápida de laboratorio *Construir un modelo de la Tierra.*

🔑 Evalúa tu comprensión

1a. Identifica La capa delgada y externa de la Tierra formada por roca sólida es (la corteza/ el manto/el núcleo).

b. RESPONDE LA PREGUNTA PRINCIPAL **?** **Resume** ¿Cómo es la estructura de la Tierra?

_____
_____
_____

¿comprendiste?·································

○ **¡Comprendí!** Ahora sé que cada una de las tres capas principales de la Tierra tiene sus propias características, que son _____

_____
_____
_____
_____

○ Necesito más ayuda con _____

Consulta MY SCIENCE Ⓢ COACH *en línea para obtener ayuda en inglés sobre este tema.*

17

3 La convección y el manto

🔑 ¿Cómo se transfiere el calor?

🔑 ¿Cómo funciona la convección en el manto de la Tierra?

mi DiaRio DeL pLaneta

Echar luz sobre el tema

Concepto erróneo: La roca no fluye.

¿Sabías que la roca sólida que está en el manto de la Tierra puede fluir como un líquido? Para aprender cómo, observa esta imagen de una lámpara de lava. El calor de la bombilla hace que se expandan los trozos de cera en la parte inferior de la lámpara. Al expandirse, los trozos pierden densidad y suben a través del líquido más denso que los rodea.

En el manto de la Tierra, el fuerte calor y la enorme presión forman regiones de roca que son menos densas que la roca que las rodea. A lo largo de millones de años, la roca menos densa sube lentamente, ¡como los trozos sólidos en la lámpara de lava!

CONCEPTO ERRÓNEO

✏️ **Compara y contrasta** Piensa en tus propias observaciones de los líquidos que fluyen. Luego, responde esta pregunta.

¿En qué se diferencia la roca que fluye del agua que fluye?

_____

_____

_____

▶ **PLANET DIARY** Consulta *Planet Diary* para aprender más en inglés sobre el manto de la Tierra.

⚠️ **Zona** de **laboratorio** Haz la Indagación preliminar *Seguir el rastro del flujo del calor.*

¿Cómo se transfiere el calor?

El calor se transfiere constantemente en el interior de la Tierra y en toda su superficie. Por ejemplo, el sol calienta el suelo, que está más frío. En realidad, el calor siempre se mueve de un objeto más caliente a otro más frío. Cuando un objeto se calienta, las partículas que lo forman se mueven más rápido y, como consecuencia de ello, tienen más energía.

El movimiento de energía desde un objeto más caliente hasta otro más frío se denomina transferencia de calor. 🔑 **Existen tres tipos de transferencia de calor: radiación, convección y conducción.** Observa los ejemplos de transferencia de calor de la **ilustración 1.**

Vocabulario

- radiación
- convección
- conducción
- densidad
- corriente de convección

Destrezas

- Lectura: Relaciona causa y efecto
- Indagación: Comunica ideas

Radiación

El sol transfiere constantemente luz y calor a través del aire, y calienta nuestra piel. La transferencia de energía que es transportada por rayos como los de la luz se denomina **radiación.**

Conducción

¿Alguna vez has caminado descalzo sobre arena caliente? ¡Sientes que te quemas los pies! Esto es porque la arena transfiere el calor a tu piel. La transferencia de calor entre materiales que están en contacto se denomina **conducción.**

Convección

Generalmente, las gaviotas vuelan en corrientes de aire cálido. Estas corrientes se crean cuando el aire cálido asciende desde el suelo. El aire cálido calienta el aire más frío que está más arriba. La transferencia de calor por el movimiento de un fluido se denomina **convección.**

ILUSTRACIÓN 1 ·······
> INTERACTIVE ART **Transferencia de calor**

En cada tipo de transferencia, el calor se mueve de un objeto más caliente a un objeto más frío.

Comunica ideas Trabaja con un compañero para pensar otros ejemplos de conducción, convección y radiación. (*Pista*: Piensa en las distintas maneras de cocinar alimentos). Escribe tus respuestas en los espacios en blanco.

Radiación

_____

_____

Conducción

_____

_____

Convección

_____

_____

Zona de laboratorio

Haz la Actividad rápida de laboratorio ¿*Cómo puede el calor provocar movimiento en un líquido?*

🔑 Evalúa tu comprensión

¿comprendiste? ·····························

○ ¡Comprendí! Ahora sé que los tres tipos de transferencia de calor son _____

_____

○ Necesito más ayuda con _____

Consulta my science COACH *en línea para obtener ayuda en inglés sobre este tema.*

¿Cómo funciona la convección en el manto de la Tierra?

Recuerda que el manto y el núcleo de la Tierra están extremadamente calientes. ¿Cómo se transfiere el calor dentro de la Tierra?

Corrientes de convección Cuando calientas sopa en una cacerola, se producen corrientes de convección. La sopa que está en la parte inferior de la cacerola se calienta y se expande. Cuando la sopa se expande, su densidad se reduce. La **densidad** es la medida de la masa de una sustancia que tiene un volumen dado. Por ejemplo, la mayoría de las rocas son más densas que el agua porque la masa de un determinado volumen de roca es mayor que la masa del mismo volumen de agua.

La sopa caliente y menos densa que está más cerca de la fuente de calor sube y flota sobre la sopa más fría y más densa, como muestra la **ilustración 2.** Cerca de la superficie, la sopa caliente se enfría y se vuelve más densa. Luego, la gravedad atrae la sopa más fría nuevamente hacia el fondo de la cacerola. Allí, se vuelve a calentar y sube otra vez.

Entonces comienza un flujo constante. La sopa más fría y densa se hunde hacia el fondo de la cacerola. Al mismo tiempo, la sopa más caliente y menos densa sube. El flujo que transfiere calor dentro de un fluido se denomina **corriente de convección.**

🔑 **El calentamiento y el enfriamiento de un fluido, los cambios en la densidad del fluido y la fuerza de gravedad actúan en conjunto para activar las corrientes de convección.** Si no hay calor, las corrientes de convección se detienen.

Relaciona causa y efecto ¿Qué tres procesos o fuerzas actúan en conjunto para activar las corrientes de convección?

_____

_____

_____

_____

ILUSTRACIÓN 2 ·····················
Corrientes de convección
En una cacerola de sopa, las corrientes de convección fluyen a medida que la sopa más caliente y menos densa sube, y la sopa más fría y más densa baja.

¡aplícalo!

Las fuentes termales son muy comunes en el Parque Nacional de Yellowstone. Allí, la nieve derretida y el agua de lluvia descienden hasta una profundidad de 3,000 metros, donde una cámara magmática poco profunda calienta la roca de la corteza terrestre. La roca calienta el agua a más de 200 °C y la mantiene bajo una presión altísima.

❶ **Compara y contrasta** El agua caliente es (más/menos) densa que la nieve derretida y el agua de lluvia.

❷ [DESAFÍO] ¿Cómo podrían producirse corrientes de convección en una fuente termal?

_____

_____

Las corrientes de convección de la Tierra

En el interior de la Tierra, el calor del núcleo y del manto actúa como el fuego de la cocina que calienta la cacerola de sopa. Es decir, las corrientes de convección transfieren grandes cantidades de calor dentro del manto y del núcleo. **El calor del núcleo y del mismo manto provoca corrientes de convección en el manto.** Para ver cómo funcionan estas corrientes en el manto y en el núcleo, observa la **ilustración 3.**

¿Cómo es posible que fluya la roca del manto? A lo largo de millones de años, la enorme cantidad de calor y presión en el manto provocó que la roca sólida que hay allí se calentara y fluyera muy lentamente. Muchos geólogos piensan que las columnas de roca caliente suben lentamente desde la parte inferior del manto hacia la parte superior. Con el tiempo, la roca se enfría y vuelve a descender a través del manto. El ciclo de ascenso y descenso se repite una y otra vez. ¡Corrientes de convección como éstas se desplazan dentro de la Tierra desde hace más de cuatro mil millones de años!

También hay corrientes de convección en el núcleo externo. Estas corrientes de convección producen el campo magnético de la Tierra.

¿sabías que...?

Las corrientes de convección pueden producirse en otros planetas además de la Tierra. Por ejemplo, los científicos descubrieron que la Gran Mancha Roja de Júpiter podría ser el resultado de tormentas con corrientes de convección.

ILUSTRACIÓN 3 ···

> ART IN MOTION Convección en el manto

✏️ **Interpreta diagramas** Ubica estos rótulos en los recuadros de los puntos A y B:

más caliente	menos denso	baja
más frío	más denso	sube

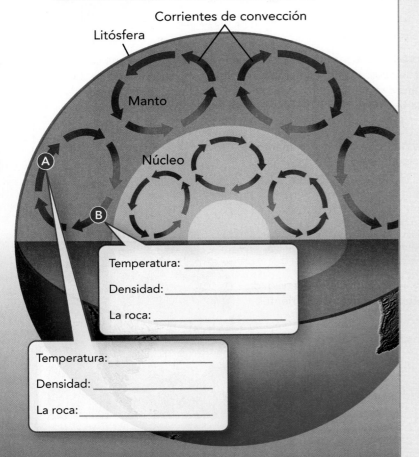

Corrientes de convección

Litósfera

Manto

Núcleo

Ⓐ

Ⓑ

Temperatura: _____

Densidad: _____

La roca: _____

Temperatura: _____

Densidad: _____

La roca: _____

Zona de laboratorio Haz la Investigación de laboratorio *Hacer un modelo de las corrientes de convección del manto.*

🔑 Evalúa tu comprensión

1a. Explica Una corriente de convección transfiere (calor/aire) dentro de un fluido.

b. Infiere ¿En qué parte del núcleo de la Tierra se producen las corrientes de convección?
_____

c. Predice ¿Qué pasaría con las corrientes de convección en el manto si el interior de la Tierra se enfriara? ¿Por qué?
_____
_____
_____
_____
_____

¿comprendiste?·····························

◯ **¡Comprendí!** Ahora sé que las corrientes de convección se producen en el manto por _____
_____
_____

◯ Necesito más ayuda con _____

Consulta my science ⑤ coach *en línea para obtener ayuda en inglés sobre este tema.*

1 Guía de estudio

La Tierra está compuesta por tres capas principales. _____ es la capa externa. _____ está formado por roca caliente, pero sólida. _____ ocupa el centro de la Tierra.

LECCIÓN 1 Sistema terrestre

🔑 El sistema de la Tierra tiene cuatro esferas principales: la atmósfera, la hidrósfera, la geósfera y la biósfera. Como el Sol es la fuente principal de energía para los procesos de la Tierra, se puede considerar que también forma parte del sistema de la Tierra.

🔑 Existen fuerzas opuestas que crean y destruyen accidentes geográficos de manera constante. Las fuerzas constructivas hacen surgir montañas y otras características, y dan forma a la superficie de la Tierra. Las fuerzas destructivas destruyen y desgastan masas de tierra mediante procesos como la erosión y el desgaste.

Vocabulario
- sistema • energía • atmósfera • geósfera • hidrósfera
- biósfera • fuerza constructiva • fuerza destructiva

LECCIÓN 2 El interior de la Tierra

🔑 Los geólogos usan dos tipos de evidencia para estudiar el interior de la Tierra: la evidencia directa de las muestras de rocas y la evidencia indirecta de las ondas sísmicas.

🔑 A medida que aumenta la profundidad en el interior de la Tierra, la presión es mayor. La temperatura del interior de la Tierra aumenta con la profundidad.

🔑 Las tres capas principales de la Tierra son la corteza, el manto y el núcleo. La corteza terrestre es una capa de roca sólida que incluye tanto la tierra firme como el suelo oceánico. El manto tiene un grosor aproximado de 3,000 km y está formado por roca que está a una temperatura muy alta, pero en estado sólido. El núcleo se compone principalmente de hierro y níquel. Consta de dos partes: un núcleo externo líquido y un núcleo interno sólido.

Vocabulario
- onda sísmica • presión • corteza terrestre • basalto • granito • manto
- litósfera • astenósfera • núcleo externo • núcleo interno

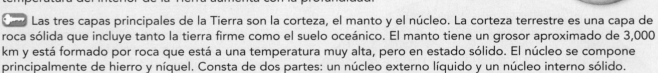

LECCIÓN 3 La convección y el manto

🔑 Existen tres tipos de transferencia de calor: radiación, convección y conducción.

🔑 El calentamiento y el enfriamiento de un fluido, los cambios en la densidad del fluido y la fuerza de gravedad actúan en conjunto para activar las corrientes de convección.

🔑 El calor del núcleo y del mismo manto provoca corrientes de convección en el manto.

Vocabulario
- radiación • convección • conducción • densidad • corriente de convección

Repaso y evaluación

LECCIÓN 1 Sistema terrestre

1. ¿Cuál de estas opciones forma parte de la hidrósfera de la Tierra?

   a. núcleo externo líquido

   b. núcleo interno sólido

   c. granito

   d. agua del océano

2. El sistema de la Tierra tiene dos fuentes de energía, que son _____

_____

_____

3. Infiere Explica cómo interactúan la hidrósfera y la biósfera en este pantano.

_____

_____

_____

4. Clasifica ¿Las fuerzas que causan que salga lava de un volcán y fluya sobre la superficie de la Tierra son fuerzas constructivas o destructivas? Explica tu respuesta.

_____

_____

_____

_____

5. **Escríbelo** Si sigue aumentando la cantidad de tierra pavimentada en los Estados Unidos, ¿cómo podría verse afectada la biósfera?

LECCIÓN 2 El interior de la Tierra

6. ¿Cómo se denomina la capa relativamente blanda del manto superior?

   a. corteza continental

   b. litósfera

   c. astenósfera

   d. núcleo interno

7. Para estudiar la estructura de la Tierra, los geólogos usan las ondas sísmicas, que son _____

_____

_____

8. Relaciona causa y efecto Según los científicos, ¿qué produce el campo magnético de la Tierra?

_____

_____

_____

_____

9. Sigue la secuencia Menciona todas las capas de la Tierra. Comienza desde el centro de la Tierra. Incluye las dos capas del núcleo y todas las capas del manto.

_____

_____

_____

_____

10. Resume ¿Qué relación hay entre la temperatura y la profundidad en el interior de la Tierra? ¿Es la misma relación para la presión?

_____

_____

_____

11. **Escríbelo** Compara y contrasta la corteza oceánica y la corteza continental. Para responder, asegúrate de tener en cuenta la composición y el grosor de los dos tipos de corteza.

La convección y el manto

12. ¿Cómo se denomina la transferencia de calor mediante el contacto directo de partículas de materia?

a. conducción   b. radiación

c. convección   d. presión

13. En comparación con el agua y el aire, la mayoría de la roca tiene densidad alta, lo que significa que tiene _____

_____

_____

14. Identifica Menciona las dos capas que están debajo de la superficie de la Tierra, en donde se lleva a cabo la convección.

_____

15. Explica ¿Qué condiciones permiten que fluya la roca del manto?

_____

_____

_____

16. Desarrolla hipótesis Imagínate que una determinada parte del manto es más fría que las partes que la rodean. ¿Qué podría pasar con la roca más fría? En tu respuesta, comenta la función que cumple la gravedad.

_____

_____

_____

¿Cómo es la estructura de la Tierra?

17. Imagínate que puedes viajar al centro de la Tierra. Debes diseñar un vehículo especial para tu viaje. ¿Cómo debería estar equipado tu vehículo para poder atravesar cada una de las capas de la Tierra que se muestran más abajo? ¿Qué condiciones debería ser capaz de resistir? Ten en cuenta la temperatura, la presión y la dureza de cada capa de la Tierra.

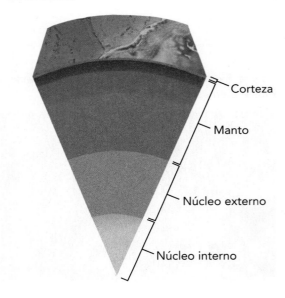

Corteza

Manto

Núcleo externo

Núcleo interno

_____

_____

_____

_____

_____

_____

_____

_____

_____

_____

_____

_____

_____

_____

_____

Preparación para exámenes estandarizados

Selección múltiple

Encierra en un círculo la letra de la mejor respuesta.

1. La ilustración siguiente muestra una cacerola con agua hirviendo.

   ¿Mediante qué proceso se está calentando el agua?

   A radiación   **B** conducción
   C convección   **D** destrucción

2. ¿Qué parte del sistema de la Tierra está formada por animales y plantas?

   A la biósfera   **B** la hidrósfera
   C la atmósfera   **D** la geósfera

3. ¿Qué parte del interior de la Tierra está compuesta principalmente por hierro y níquel y tiene partes líquidas y sólidas?

   A la litósfera   **B** la corteza
   C la astenósfera   **D** el núcleo

4. ¿Cuál es uno de los resultados de las corrientes de convección en el núcleo externo de la Tierra?

   A la erosión
   B el campo magnético de la Tierra
   C el derretimiento de los glaciares
   D la fuerza de gravedad de la Tierra

5. ¿Cómo cambian la presión y la temperatura en el interior de la Tierra a medida que aumenta la profundidad?

   A La presión y la temperatura disminuyen.
   B La presión aumenta y la temperatura disminuye.
   C La presión disminuye y la temperatura aumenta.
   D La presión y la temperatura aumentan.

Respuesta elaborada

Usa la gráfica que sigue y tus conocimientos de ciencias para responder la pregunta 6. Escribe tu respuesta en una hoja aparte.

6. Describe de qué manera interactúan las esferas de la Tierra en la siguiente ilustración. Describe también las fuerzas destructivas o constructivas que observes.

Lo último en la ciencia

Una porción de la Tierra

Si pudieras cavar un hoyo hasta el otro lado del mundo, verías en el camino todas las capas que están debajo de la superficie de la Tierra.

Por supuesto que es imposible cavar un hoyo de esas características. Sin embargo, si queremos ver una porción de la Tierra, y todas sus capas, podemos usar otro recurso. Con la tomografía sísmica, podemos observar las capas de la Tierra como imágenes tridimensionales. Para producir estas imágenes, una computadora utiliza datos sobre el tamaño y la velocidad de las ondas sísmicas.

La liberación repentina de energía acumulada debajo de la corteza terrestre envía ondas sísmicas en todas las direcciones y provoca un terremoto. Las ondas viajan hacia afuera desde el centro del terremoto. La densidad, la presión y la temperatura afectan la velocidad con que estas ondas sísmicas se mueven a través de las capas de roca subterráneas. A veces, las ondas se doblan o rebotan cuando se topan con el límite entre dos capas.

Los científicos son capaces de registrar la rapidez y el tamaño de las ondas sísmicas de miles de terremotos. Al comparar los datos registrados en distintos lugares, los científicos utilizan computadoras y logran crear modelos del interior de la Tierra.

Saber exactamente qué hay debajo de nuestros pies ayuda a los científicos a descubrir más cosas acerca de los procesos tectónicos, como la formación de montañas, y también nos permite hallar importantes recursos minerales.

Investígalo Se ha comparado la tomografía sísmica con el método TAC (tomografía axial computarizada). ¿En qué se parecen? ¿En qué se diferencian? Investiga acerca de ambos sistemas y crea un organizador gráfico en el que menciones las semejanzas y las diferencias.

Esta tomografía sísmica muestra un corte transversal de la corteza y del manto de la Tierra. Los colores muestran materiales de distintas densidades que suben o bajan como parte de las corrientes de convección en el manto. La línea azul en el mapa indica que esta "porción" de la Tierra se extiende hacia el este, desde el océano Pacífico hasta África occidental.

Salvemos las semillas, salvemos el mundo

Quizás las bananas estén en problemas, al igual que algunas especies de trigo. De hecho, muchas especies de plantas se encuentran en peligro de extinción. Los científicos piensan que el clima de la Tierra está cambiando y, a medida que lo hace, también cambia la biósfera. Algunas plantas se volvieron más vulnerables a las enfermedades o a las plagas de insectos. El desarrollo de la actividad humana también pone en peligro el hábitat de algunas plantas. Con todos los cambios que están ocurriendo en la biósfera, las especies vegetales se están extinguiendo a un ritmo cada vez más rápido.

Es posible que la Bóveda Global de Semillas de Svalbard esté ayudando a proteger muestras de recursos muy importantes. Situada en el permagélido, o permafrost, de Svalbard, una isla en el norte de Noruega que está más al norte que casi cualquier otra masa de tierra del planeta, la Bóveda de Semillas protege las semillas que provienen de casi todos los alimentos más importantes del mundo. Las semillas de bananas, fresas, arroz y frijoles están protegidas (junto con las de muchas otras especies) en caso de que se extingan. Muchas semillas provienen de países en vías de desarrollo, que tienen una gran biodiversidad. Debido a que la Bóveda de Semillas se encuentra en la criósfera (la porción congelada de la hidrósfera), los científicos consideran que Svalbard seguirá congelado aun si el cambio climático continúa provocando el derretimiento de los glaciares ubicados más al sur.

La Bóveda de Semillas puede almacenar hasta 4.5 millones de semillas a una temperatura de −18 °C. Si se produjera una falla eléctrica, las semillas seguirían congeladas porque el permafrost mantiene la temperatura por debajo de −3.5 °C.

Interior de la Bóveda Global de Semillas de Svalbard

Escríbelo Los científicos han observado signos del cambio climático global. Las alteraciones en el clima de la Tierra están afectando muchos otros sistemas de la Tierra. Por ejemplo, el nivel del mar está creciendo y el hielo marino se está derritiendo. Escribe un ensayo en el que expliques cómo estos cambios podrían ocasionar la extinción de una determinada especie vegetal.

¿CÓMO LLEGÓ AQUÍ ESTA ROCA?

¿Cómo se forman las rocas?

El famoso naturalista John Muir escaló por primera vez hasta la cima del pico Catedral en 1869. Es una montaña ubicada en la cordillera de Sierra Nevada en California que tiene una elevación de 3,308 metros. El pico Catedral está compuesto principalmente por granito, una mezcla de cuarzo, feldespato y otros minerales como hornablenda y mica. Si miras hacia abajo desde este pico alto y estrecho, ¡probablemente te sientas en la cima del mundo!

> UNTAMED SCIENCE Mira el video de **Untamed Science** para aprender más sobre los minerales y las rocas.

Desarrolla hipótesis ¿Cómo puede haber llegado hasta aquí este trozo de roca de una altura abrumadora?

_____

_____

_____

Minerales y rocas

Verifica tu comprensión

1. Preparación Lee el párrafo siguiente y luego responde la pregunta.

Judy llenó un frasco de vidrio con agua. Tapó el frasco y lo guardó en el congelador. Durante la noche, el agua, que era un **líquido,** se congeló y se convirtió en hielo, que es un **sólido.** Pero Judy había olvidado que el hielo ocupa un **volumen** mayor que el que ocupa la misma masa de agua. Por lo tanto, cuando el agua se congeló, se expandió y quebró el frasco.

Un **líquido** es una sustancia que fluye y puede cambiar su forma, pero no su volumen.

Un **sólido** es una sustancia que resiste un cambio de forma.

Volumen es la cantidad de espacio que ocupa la materia.

• ¿Qué variable cambió para que el agua líquida se convirtiera en hielo sólido?

_____

_____

> **MY READING WEB** Si tuviste dificultades para responder la pregunta anterior, visita *My Reading Web* y escribe *Minerals and Rocks.*

Destreza de vocabulario

Palabras de origen latino En español, muchas palabras relacionadas con las ciencias provienen del latín. Por ejemplo, *granito* proviene del latín *granum,* que significa "grano". El granito es una roca que contiene granos grandes y visibles.

Palabra latina	Significado de la palabra latina	Ejemplo
erosus	desgastado	erosión: *(s.)* proceso por el cual se parten trozos de una montaña
folium	hoja	foliación: *(s.)* estructura o disposición en capas delgadas y planas
caementum	piedras y trozos de piedra de una cantera	cementación: *(s.)* proceso a través del cual se adhieren trozos de roca

2. Verificación rápida Elige la palabra correcta de la tabla para completar la oración.

• Las rocas con granos dispuestos en capas planas tienen

_____

cristal

textura

roca clástica

ciclo de la roca

Vistazo al capítulo

LECCIÓN 1
- mineral • inorgánico
- cristal • raya • brillo
- escala de dureza de Mohs
- exfoliación • fractura
- geoda • cristalización
- solución • vena

↻ **Relaciona el texto y los elementos visuales**
△ **Formula definiciones prácticas**

LECCIÓN 2
- minerales formadores de rocas
- granito • basalto • grano
- textura • roca ígnea
- roca sedimentaria
- roca metamórfica

↻ **Identifica la idea principal**
△ **Observa**

LECCIÓN 3
- roca extrusiva
- roca intrusiva

↻ **Relaciona causa y efecto**
△ **Interpreta datos**

LECCIÓN 4
- sedimento • desgaste • erosión
- sedimentación • compactación
- cementación • roca clástica
- roca orgánica • roca química

↻ **Identifica la idea principal**
△ **Infiere**

LECCIÓN 5
- foliación

↻ **Relaciona causa y efecto**
△ **Observa**

LECCIÓN 6
- ciclo de la roca

↻ **Sigue la secuencia**
△ **Clasifica**

> **VOCAB FLASH CARDS** Para obtener más ayuda con el vocabulario, visita *Vocab Flash Cards* y escribe *Minerals and Rocks.*

Propiedades de los minerales

DESCUBRE LA PREGUNTA PRINCIPAL

🔑 ¿Qué es un mineral?

🔑 ¿Cómo se identifican los minerales?

🔑 ¿Cómo se forman los minerales?

mi DiaRio Del Planeta

BLOG

Enviado por: MacKenzie

Ubicación: Brewerton, Nueva York

Cuando era más chica, iba a campamentos de verano. Una vez, en una excursión que me gustó, fuimos a una caverna subterránea. Una vez allí, creí que estaba en la boca de un dragón. Después, aprendí que esos dientes eran estalactitas y estalagmitas. Las estalactitas cuelgan hacia abajo desde el techo y las estalagmitas crecen hacia arriba desde el suelo.

Comunica ideas Comenta la pregunta con un compañero. Escribe la respuesta en el espacio que sigue.

Por lo general, las estalactitas y estalagmitas están compuestas por el mineral calcita. Este mineral se disuelve fácilmente en agua ácida. ¿Cómo crees que la calcita se endureció y formó el aspecto de la cueva?

_____

_____

_____

_____

▶ PLANET DIARY Consulta *Planet Diary* para aprender más en inglés sobre los minerales.

Zona de laboratorio

Haz la Indagación preliminar
¿Cómo afecta a los cristales la velocidad de enfriamiento?

¿Qué es un mineral?

Observa la **ilustración 1.** A la izquierda hay un trozo duro de carbón y a la derecha, hermosos cristales de cuarzo. Ambos materiales son sólidos y se forman debajo de la superficie terrestre, pero, ¿cuál es un mineral?

Definición de los minerales
¿Cuál es la definición de los minerales? 🔑 **Un mineral es un sólido natural que puede formarse por procesos inorgánicos, con estructura cristalina y composición química específica.** Para que una sustancia sea considerada un **mineral,** debe reunir las cinco características mencionadas anteriormente. Entonces, ¿cuál es un mineral: el cuarzo o el carbón?

Vocabulario

- mineral • inorgánico • cristal • raya • brillo
- escala de dureza de Mohs • exfoliación • fractura
- geoda • cristalización • solución • vena

Destrezas

🔁 Lectura: Relaciona el texto y los elementos visuales

△ Indagación: Formula definiciones prácticas

Natural

Todos los minerales son sustancias que se formaron a partir de procesos naturales. El cuarzo se forma de manera natural cuando la materia fundida llamada magma se enfría y se endurece debajo de la superficie de la Tierra. El carbón se forma naturalmente a partir de restos de plantas aplastados que forman una sola masa.

Sólido

Un mineral siempre es un sólido con determinado volumen y forma. Las partículas que constituyen un sólido están agrupadas muy cerca unas de otras, por lo que no pueden moverse como las partículas que constituyen un líquido. El carbón y el cuarzo son sólidos.

Estructura cristalina

Las partículas de un mineral están organizadas en un patrón que se repite una y otra vez. Este patrón repetitivo de las partículas de un mineral forma un sólido denominado **cristal.** Un cristal tiene lados planos, llamados caras, que convergen en bordes y esquinas agudos. El cuarzo de la **ilustración 1** tiene una estructura cristalina. En cambio, el carbón casi nunca tiene estructura cristalina.

Formado por procesos inorgánicos

Todos los minerales deben poder formarse a través de procesos **inorgánicos,** es decir, a partir de materiales que no formaban parte de seres vivos. El cuarzo se forma naturalmente a medida que el magma se enfría. El carbón se origina únicamente a partir de seres vivos (restos de plantas que existieron hace millones de años). Sin embargo, algunos minerales que se forman por procesos inorgánicos también pueden ser producidos por seres vivos.

Composición química específica

Un mineral tiene una composición química específica. Esto significa que un mineral siempre contiene determinados elementos en cantidades específicas. Un elemento es una sustancia compuesta por un único tipo de átomo.

El cuarzo siempre contiene un átomo de silicio por cada dos átomos de oxígeno. Los elementos en el carbón pueden variar ampliamente.

Cuarzo

Carbón

ILUSTRACIÓN 1 ·····················

¿Son o no son?

Para que sea clasificada como mineral, una sustancia debe reunir cinco características.

✏ **Clasifica Completa la lista. ¿El cuarzo y el carbón son minerales o simplemente sustancias naturales?**

_____

_____

_____

Características de un mineral	Cuarzo	Carbón
Natural	✔	✔
Puede formarse a través de procesos inorgánicos		
Sólido		
Estructura cristalina		
Composición química específica		

Minerales, compuestos y elementos

Casi todos los minerales son compuestos. En un compuesto, se combinan dos o más elementos de manera que esos elementos ya no tienen propiedades definidas. Por ejemplo, el mineral cinabrio está formado por azufre y mercurio. El azufre es de color amarillo brillante. El mercurio, a temperatura ambiente, es un líquido plateado. Sin embargo, el cinabrio tiene cristales sólidos y brillantes de color rojo.

Todos los minerales tienen una combinación distinta de elementos. Por ejemplo, el cristal de cuarzo contiene un átomo de silicio por cada dos átomos de oxígeno. Esta relación se mantiene constante para todas las variedades de cuarzo. Cada mineral del grupo de minerales granate contiene tres átomos de silicio por cada doce átomos de oxígeno. Pero el granate también contiene otros elementos, en proporciones determinadas. La **ilustración 2** muestra una variedad del granate.

Algunos elementos existen en la naturaleza en forma pura y no como parte de un compuesto. Elementos como el cobre, la plata y el oro también son minerales. Casi todos los elementos puros y sólidos son metales.

Cuarzo rosa

Granate almandino

ILUSTRACIÓN 2 ·······························

Elementos y compuestos de los minerales

El cuarzo y el granate son minerales que contienen los elementos silicio y oxígeno. A temperatura ambiente, el silicio puro es un sólido duro y de color gris oscuro. El oxígeno es un gas incoloro.

🖉 **Describe** Elige el cuarzo o el granate. Luego, elige el silicio o el oxígeno. Cuando el elemento que elegiste forma parte de un mineral, ¿en qué se diferencia de su forma pura?

_____

_____

_____

_____

_____

_____

_____

Zona de laboratorio ®   Haz la Actividad rápida de laboratorio
Clasificar un objeto como mineral.

🔑 Evalúa tu comprensión

1a. Resume Todos los minerales deben poder formarse a través de procesos (orgánicos/inorgánicos).

b. Explica ¿Cuál es la característica específica de un proceso inorgánico?

_____

_____

c. Clasifica El ámbar es un material que se emplea en joyería. Se forma únicamente a través del proceso mediante el cual la resina que proviene de los pinos se endurece y se convierte en piedra. ¿Es el ámbar, entonces, un mineral? Explica tu respuesta.

_____

_____

_____

¿comprendiste? ···

○ **¡Comprendí!** Ahora sé que para que una sustancia sea clasificada como un mineral, debe ser _____

_____

○ Necesito más ayuda con _____

Consulta my science 🔊 coach *en línea para obtener ayuda en inglés sobre este tema.*

¿Cómo se identifican los minerales?

Los geólogos han identificado más de 4,000 minerales. Pero, a veces, distinguir un mineral de otro puede ser un desafío. 🔑 **Cada mineral tiene propiedades específicas que pueden servir para identificarlo.**

Color

Los dos minerales de la foto son de color dorado. Pero sólo uno de ellos es el mineral oro. De hecho, sólo unos pocos minerales tienen su propio color característico.

ILUSTRACIÓN 3 ••••••••••••••••••••••••••••••

¿Todo lo que brilla es oro?

Los dos minerales de la foto son de color dorado.

✏️ **Identifica** Encierra en un círculo el mineral que creas que es oro. (Respuesta al final de la página).

Raya

La **raya** es el color del polvo de un mineral. Si bien el color de un mineral puede variar, su raya no varía. Además, por lo general, el color del mineral y el color de la raya son distintos. Por ejemplo, la pirita es de color dorado, pero su raya es de color negro verdoso.

Galena   Hematites   Malaquita

ILUSTRACIÓN 4 ••••••••••••••••••••••••••••••

Arañar la superficie

El color de la raya de cualquier mineral en particular no varía.

✏️ **Infiere** ¿Qué es mejor para identificar un mineral: el color del mineral o la raya del mineral?

_____

Brillo

Brillo es un término que se usa para describir la manera en que la luz se refleja sobre la superficie de un mineral. Por ejemplo, minerales como la galena, que contienen metal, a menudo tienen un brillo metálico. El cuarzo tiene un brillo vidrioso. Otros términos que se usan para describir el brillo incluyen: térreo, sedoso, céreo y perlado.

Metálico   Sedoso   Céreo, oleoso o perlado

Galena   Malaquita   Talco

ILUSTRACIÓN 5 ••••••••••••••••••••••••••••••

A reflexionar

Los geólogos usan muchos términos para describir el brillo de los minerales.

✏️ **Describe** Elige cualquier objeto de tu salón de clases que refleje la luz. Describe su brillo con una palabra.

Objeto: _____

Brillo: _____

A: Oro B: Pirita

35

¿sabías que...?

El apatito es un mineral que está incluido en la escala de dureza de Mohs. El esmalte de los dientes definitivos está compuesto principalmente por cristales de apatito.

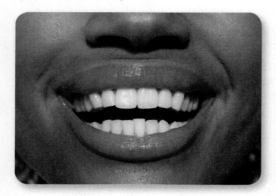

Dureza

Cuando quieres identificar un mineral, una de las pistas más útiles es la dureza del mineral. En 1812, el austríaco Friedrich Mohs, experto en minerales, inventó una escala para poder identificar los minerales según su grado de dureza. La **escala de dureza de Mohs** se usa para clasificar la dureza de los minerales. La escala clasifica del 1 al 10 la dureza de un mineral, como muestra la **ilustración 6.**

La dureza puede determinarse con una prueba de rayado. Un mineral puede rayar a cualquier mineral que sea más blando, pero también puede ser rayado por cualquier mineral más duro. Por ejemplo, imagínate que encuentras un depósito de azurita. La azurita no está en la escala de Mohs, pero tú quieres determinar su dureza. Entonces, tomas una muestra pequeña y tratas de rayarla con talco, yeso y calcita. Pero ninguno de estos minerales es capaz de rayar tu muestra. El apatito, de dureza 5 en la escala, sí lo raya. Por lo tanto, es probable que la dureza de la azurita en la escala sea de aproximadamente 4.

ILUSTRACIÓN 6 ·····························

Escala de dureza de Mohs

Para determinar la dureza de un mineral, los geólogos lo comparan con la dureza de los minerales de la escala de Mohs.

✎ **Explica** Lee la descripción de los minerales de la derecha. Ubica sus nombres en el lugar correcto de la escala.

Topacio Puede rayar al cuarzo pero no al corindón.

Yeso Puede rayarse fácilmente con la uña.

Apatito Puede rayarse con un cuchillo de acero.

Diamante Extremadamente duro, puede rayar a todos los minerales comunes que se conocen.

Cuarzo Puede rayar al feldespato pero no al topacio.

1 Talco Es el mineral más blando y se quiebra en láminas cuando se lo raya con la uña.

2 _____

3 Calcita No puede rayarse con la uña pero sí con una moneda de cobre.

4 Fluorita Puede rayarse fácilmente con un cuchillo de acero.

5 _____

Aumento de la dureza

Calcular la densidad

En el caso de muchos minerales, las distintas muestras de un determinado mineral tienen la misma densidad. Por eso, los geólogos pueden usar la densidad para poder identificar muestras de minerales, usando la siguiente fórmula.

$$\text{Densidad} = \frac{\text{Masa}}{\text{Volumen}}$$

Encuentras una muestra del mineral magnetita. La muestra tiene una masa de 151.0 g y un volumen de 29.0 cm³. ¿Cuál es la densidad de la magnetita?

_____

_____

_____

Densidad Cada mineral tiene una densidad específica. La densidad es la masa en un espacio dado o cantidad de masa por unidad de volumen. No importa el tamaño de la muestra del mineral, su densidad será siempre la misma. Por ejemplo, el cuarzo tiene una densidad de 2.6 g/cm³. El diamante tiene una densidad de 3.5 g/cm³.

Para calcular la densidad, los geólogos usan primero una balanza para determinar la masa exacta de la muestra de un mineral. Luego, colocan el mineral en un recipiente con agua para determinar la cantidad de agua que desaloja la muestra. El volumen del agua desalojada es igual al volumen de la muestra. Entonces, se puede calcular la densidad del mineral usando la fórmula que está a continuación.

$$\text{Densidad} = \frac{\text{Masa}}{\text{Volumen}}$$

Puedes comparar la densidad de dos muestras de minerales de aproximadamente el mismo tamaño. Sólo debes levantar cada muestra en una mano y comparar el peso de cada una. La muestra más pesada probablemente sea más densa también.

6 Feldespato
No puede ser rayado con un cuchillo de acero pero puede rayar una ventana de vidrio.

7 _____

8 _____

9 Corindón
Puede rayar al topacio.

10 _____

Halita

Cuarzo

ILUSTRACIÓN 7 ·····························

> **INTERACTIVE ART**

Estructura cristalina

Cada mineral tiene una estructura cristalina única.

✎ **Responde las preguntas.**

1. **Haz una lista** ¿Cuáles son las dos características que los geólogos tienen en cuenta para clasificar los cristales?

_____

_____

_____

_____

2. **DESAFÍO** ¿El cristal de cuarzo tiene más o menos caras que el cristal de halita?

_____

Estructura cristalina Los átomos que forman un mineral se organizan en un patrón regular. Este patrón de los átomos de un mineral se repite una y otra vez y forma la estructura cristalina del mineral. Todos los cristales de un mineral tienen la misma estructura cristalina. Los científicos pueden usar la estructura cristalina para identificar muestras muy pequeñas de minerales. Por ejemplo, los científicos pueden hacer rebotar un haz poderoso de partículas en cristales muy pequeños. Como los átomos que forman los minerales se organizan en patrones regulares, estos haces producen patrones de luz bien definidos.

Como muestra la **ilustración 7,** los cristales de los distintos minerales tienen formas diferentes. Los cristales de halita son cúbicos porque tienen forma de cubo. Puedes reducir un gran trozo de halita en trozos más pequeños, pero estos trozos pequeños seguirán conteniendo cristales con forma de cubos perfectos.

Los geólogos clasifican los minerales según el número de caras o lados del cristal. También miden los ángulos en los que se tocan las caras.

¿Cuánto sabes?

✎ **Interpreta fotos** En la fotografía se muestran cristales del mineral estibina. Lee el texto sobre la identificación de los minerales. Luego, identifica qué propiedades distintivas de la estibina puedes inferir a partir de la fotografía. ¿Cuáles son las propiedades que deberías poner a prueba para poder identificar el mineral?

_____

_____

_____

_____

_____

_____

_____

_____

Exfoliación y fractura

Tal vez hayas visto cómo el mineral mica puede dividirse en capas planas. Un mineral que se divide fácilmente en capas planas tiene una propiedad llamada **exfoliación.**

La posibilidad de que un mineral tenga exfoliación depende de la disposición de los átomos en los cristales del mineral. La manera en que están organizados los átomos en la mica permite que se divida fácilmente en una dirección. La **ilustración 8** muestra la exfoliación en la mica.

La mayoría de los minerales no se divide en trozos regulares o iguales, sino que tienen un tipo específico de fractura. La **fractura** describe cómo se ve un mineral cuando se quiebra de manera irregular. Por ejemplo, cuando se quiebra el cuarzo, presenta superficies curvas con una forma semejante a la concha de mar.

Propiedades especiales

Algunos minerales pueden ser identificados por propiedades físicas especiales. Por ejemplo, la calcita desvía la luz y produce imágenes dobles, como la de la **ilustración 9.** Otros minerales conducen la electricidad, brillan con la luz ultravioleta o tienen propiedades magnéticas.

Mica

Cuarzo

ILUSTRACIÓN 8 ·······································
Fractura y exfoliación
La manera en que se divide un mineral puede ayudar a identificarlo.

Formula definiciones prácticas Observa los ejemplos de exfoliación y fractura que se encuentran más arriba. Basándote en tus observaciones, escribe con tus propias palabras una definición de exfoliación.

_____

_____

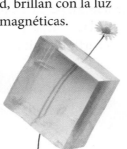

ILUSTRACIÓN 9 ·····················
Propiedades especiales
La calcita desvía la luz y produce una imagen doble.

Zona de laboratorio Haz la Actividad rápida de laboratorio *Cómo identificar los minerales.*

🔑 Evalúa tu comprensión

2a. Resume Para identificar los minerales, los geólogos examinan sus _____

_____

_____

b. Diseña experimentos La magnetita tiene propiedades magnéticas. ¿Cómo podrías identificar si una muestra mineral es magnetita?

_____

_____

_____

¿comprendiste? ···

○ **¡Comprendí!** Ahora sé que las propiedades distintivas que se usan para identificar los minerales son _____

_____

_____

○ Necesito más ayuda con _____

Consulta MY SCIENCE 🅢 COACH *en línea para obtener ayuda en inglés sobre este tema.*

¿Cómo se forman los minerales?

En una excursión hallas una roca con forma de huevo casi del tamaño de una pelota de fútbol americano. En un laboratorio geológico, divides la roca en dos partes. ¡La roca es hueca! En su interior, cristales grandes de amatista brillan sobre la superficie. La amatista es un tipo de cuarzo.

Has encontrado una geoda, como la de la **ilustración 10.** Una **geoda** es una roca redonda y hueca que suele contener cristales minerales en su interior. Los geólogos consideran que los cristales dentro de una geoda probablemente se forman cuando entra agua que contiene minerales disueltos a través de una fisura o un hueco de la roca. De a poco, empieza el proceso de cristalización, en el cual se forman cristales grandes en el interior de la roca que suelen estar perfectamente formados. La **cristalización** es el proceso por el cual los átomos se distribuyen y forman un material que tiene una estructura cristalina. 🔑 **En general, los minerales pueden formarse de tres maneras. Algunos se forman a partir de procesos orgánicos. Otros se pueden cristalizar a partir de materiales que se encuentran disueltos en soluciones. Por último, muchos minerales se cristalizan cuando se enfrían el magma y la lava.**

Minerales orgánicos Todos los minerales pueden formarse a partir de procesos inorgánicos. 🔑 **Sin embargo, algunos minerales también pueden formarse a partir de procesos orgánicos.** Por ejemplo, animales marinos como las almejas y los corales fabrican conchas marinas y esqueletos a partir del mineral calcita.

ILUSTRACIÓN 10·····················

Geodas
Cuando el agua entra en una roca a través de una fisura, puede formarse una geoda.

✏️ **Sigue la secuencia**
Completa el organizador gráfico para mostrar en cuatro pasos cómo se forma una geoda.

Geoda
Se forma una fisura o un hoyo en una roca.

↓

_____
_____
_____
_____

↓

_____
_____
_____

↓

Se completa la geoda.

Minerales formados a partir de soluciones

A veces, los elementos o compuestos que forman los minerales pueden disolverse en agua y formar soluciones. Una **solución** es una mezcla en la que una sustancia se disuelve en otra. **Cuando los elementos o compuestos disueltos en agua dejan una solución, se produce el proceso de cristalización.** De esta manera, los minerales se pueden formar en masas de agua de la superficie de la Tierra. Pero los cristales enormes de selenita como los de la **ilustración 11** se formaron a partir de una solución de agua caliente que se enfrió bajo tierra.

Minerales formados a partir de la evaporación

Algunos minerales se forman cuando las soluciones se evaporan. Por ejemplo, cuando se evapora el agua del agua salada, se forman cristales de sal.

Algo similar sucede con la halita. Durante millones de años, se formaron depósitos del mineral halita cuando se evaporaron lentamente antiguos océanos. Estos depósitos de halita se encuentran en el suroeste de los Estados Unidos y en la costa del Golfo de México. El yeso y la calcita también pueden formarse a partir de la evaporación. A veces, el yeso puede tener la forma de una rosa.

Una "rosa" de yeso

Minerales formados a partir de soluciones de agua caliente

En lo profundo de la Tierra, el magma puede calentar el agua a una temperatura muy alta. El agua caliente puede disolver los elementos y los compuestos que forman los minerales. Cuando la solución de agua caliente empieza a enfriarse, los elementos y compuestos dejan la solución y se cristalizan como minerales. Por ejemplo, el cuarzo puede cristalizarse a partir de una solución de agua caliente. La plata pura también suele depositarse a partir de una solución de agua caliente, al igual que el oro.

Generalmente, los metales puros que se cristalizan a partir de soluciones de agua caliente bajo tierra forman venas. Una **vena,** o veta, es una placa delgada de un mineral que es marcadamente distinto a la roca que lo rodea.

Plata

ILUSTRACIÓN 11 ·················
Selenita
Estos enormes cristales de selenita que hay en una cueva en México se formaron a partir de la cristalización de los minerales de una solución.

✎
⟳ Relaciona el texto y los elementos visuales

Repasa el texto de esta página y el de la página anterior. Subraya el nombre de cada mineral que se menciona por primera vez. Luego, coloca cada mineral en el lugar correcto de la **ilustración 12**.

Minerales formados a partir de magma y lava

Muchos minerales se forman a partir del magma y la lava. **🔑 Los minerales se forman cuando el magma caliente se enfría en la corteza terrestre o cuando la lava se endurece sobre la superficie. Cuando estos líquidos se enfrían hasta llegar al estado sólido, forman cristales.** El tamaño de los cristales depende de varios factores. La velocidad a la que se enfría el magma, la cantidad de gas que contiene y su composición química afectan el tamaño de los cristales.

Por lo general, el magma y la lava son ricos en oxígeno y silicio. Los minerales que contienen estos elementos se denominan *silicatos*. En conjunto, los silicatos forman la mayor parte de la corteza de la Tierra.

Minerales formados a partir del magma

El magma que permanece en la profundidad de la tierra se enfría lentamente a lo largo de miles de años. Este enfriamiento lento permite la formación de grandes cristales. El cuarzo, el feldespato, la turmalina y la mica son algunos minerales silicatos comunes que se forman a partir del magma.

Minerales formados a partir de la lava

Si el magma hace erupción sobre la superficie y se convierte en lava, la lava se enfriará rápido. No habrá tiempo suficiente para que se formen cristales grandes, pero sí se forman cristales pequeños. La leucita y el olivino son minerales silicatos que se forman a partir de la lava.

ILUSTRACIÓN 12

Dónde se forman los minerales

Los minerales pueden formarse por la cristalización del magma y la lava o por la cristalización de los materiales disueltos en el agua.

Minerales formados cuando se enfría la lava
_____

Minerales formados a partir de la evaporación
_____
_____

Minerales formados en soluciones de agua caliente
_____
_____

Venas

Agua que contiene minerales disueltos

Minerales formados cuando se enfría el magma
_____
_____

Magma enfriándose

Dónde se encuentran los recursos minerales

La corteza terrestre está formada, principalmente, por los minerales formadores de rocas más frecuentes combinados en distintos tipos de rocas. Los minerales menos frecuentes no están distribuidos por toda la corteza, sino que varios procesos pueden concentrar o juntar estos minerales en depósitos. Una *mena* es un depósito de minerales valiosos que se encuentran en las rocas. Las menas de hierro pueden contener los minerales pirita, magnetita y hematita, que contienen hierro. Las menas de plomo pueden contener galena. Estas menas son explotadas para extraer el hierro o el plomo de la roca. A veces también se extrae grafito y azufre. La **ilustración 13** muestra algunas de las áreas mineras más importantes.

ILUSTRACIÓN 13·····················

Menas

Interpreta mapas El cobre, el aluminio, el cinc, el hierro y el níquel se pueden usar para fabricar refrigeradores. ¿Cuál de estos metales necesitarían importar los Estados Unidos para fabricar sus refrigeradores?

_____

_____

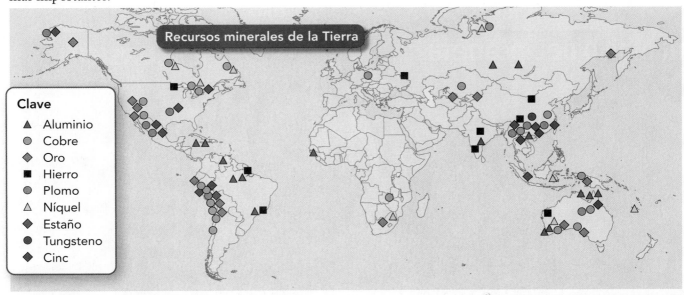

Recursos minerales de la Tierra

Clave
- ▲ Aluminio
- ● Cobre
- ◆ Oro
- ■ Hierro
- ● Plomo
- △ Níquel
- ◆ Estaño
- ● Tungsteno
- ◆ Cinc

Zona de laboratorio Haz la Actividad rápida de laboratorio *Manos de cristal*.

🔑 Evalúa tu comprensión

3a. Repasa El magma debajo de la superficie de la Tierra se enfría (rápido/despacio).

b. Predice ¿El enfriamiento lento del magma produce cristales minerales de qué tamaño?

_____

_____

c. Desarrolla hipótesis Una determinada roca contiene cristales grandes de feldespato, mica y cuarzo. Explica cómo y dónde pudo haberse formado la roca.

_____

_____

¿comprendiste? ·····································

○ **¡Comprendí!** Ahora sé que, en general, las tres maneras en que se forman los minerales son _____

○ Necesito más ayuda con _____

Consulta MY SCIENCE COACH en línea para obtener ayuda en inglés sobre este tema.

Clasificación de las rocas

🔑 ¿Cómo clasifican las rocas los geólogos?

mi DiaRio DeL planeta

EXCURSIÓN

El gigante solitario

En el centro de Wyoming se eleva un gigante solitario: el monte Moran. Su pico se eleva más de 3,800 metros sobre el nivel del mar. Si escalas el monte Moran, treparás por placas de roca. Estas placas se formaron en las profundidades de la Tierra. Aquí, las altas temperaturas y las grandes presiones modificaron un tipo de roca y lo convirtieron en placas de roca. Cuando sigues subiendo por la montaña, de repente aparece una tira vertical y gruesa de piedra más oscura. Es roca volcánica. Finalmente, cuando llegas a la cima, encontrarás una punta de 15 metros de piedra arenisca. Esta roca se formó cuando muchas partículas diminutas se aplastaron y se cementaron en una sola masa en el curso de millones de años. El monte Moran contiene rocas que se formaron de tres maneras distintas.

Lee el texto y responde las preguntas.

1. Con tus palabras, describe una de las maneras en que se formaron las rocas del monte Moran.

_____

_____

2. Si escalaras el monte Moran, ¿cómo podrías diferenciar una roca de otra?

_____

_____

▷ PLANET DIARY Consulta *Planet Diary* para aprender más en inglés sobre los tres grupos principales de rocas.

Zona de laboratorio Haz la Indagación preliminar
¿Cómo podemos comparar las rocas?

Vocabulario

- minerales formadores de rocas • granito • basalto
- grano • textura • roca ígnea • roca sedimentaria
- roca metamórfica

Destrezas

🔄 Lectura: Identifica la idea principal

🔺 Indagación: Observa

¿Cómo clasifican las rocas los geólogos?

Si fueras geólogo, ¿de qué manera examinarías una roca por primera vez? Podrías mirar las superficies externas. Pero probablemente también usarías un martillo para quebrar una parte de la roca y observar el interior. 🔑 **Para estudiar una muestra de roca, los geólogos observan la composición mineral de la roca, su color y su textura.**

Composición mineral y color Las rocas están formadas por mezclas de minerales y otros materiales. Algunas rocas contienen un único mineral y otras contienen varios. El granito de la **ilustración 1,** por ejemplo, está formado por cuarzo, feldespato, mica y hornablenda. La mayoría de las rocas de la corteza terrestre está formada por 20 minerales aproximadamente. Estos minerales se conocen como **minerales formadores de rocas.** Los minerales que forman el granito son minerales formadores de rocas.

El color de la roca brinda pistas sobre la composición mineral de esa roca. Por ejemplo, el **granito** es una roca generalmente de color claro con un contenido alto de sílice. Eso quiere decir que es rico en los elementos silicio y oxígeno. El **basalto** es una roca oscura con un contenido más bajo de sílice que el granito. Pero, a diferencia del granito, el basalto tiene cristales minerales que son demasiado pequeños para ser vistos a simple vista. Al igual que los minerales, el color solo no alcanza para identificar una roca.

ILUSTRACIÓN 1 ·······················

Granito

Generalmente, el granito está formado por unos pocos minerales comunes.

🔺 **Observa** ¿Cómo describirías el color de esta roca? ¿Qué minerales causaron el color (o los colores) que elegiste?

_____

_____

_____

_____

_____

_____

Feldespato

Hornablenda

Cuarzo

Mica

Granito

4

Textura La mayoría de las rocas están formadas por partículas de minerales o de otras rocas, que los geólogos denominan **granos.** Los granos le dan textura a una roca. La **textura** es la apariencia y la sensación producida por la superficie de una roca. Para describir la textura, los geólogos usan términos que se basan en el tamaño, la forma y el patrón de los granos de una roca.

Tamaño de los granos

Las rocas con granos grandes y vistosos son rocas de grano grueso. Las rocas de grano fino tienen granos tan pequeños que sólo pueden verse con un microscopio.

Granos finos

Pizarra

Granos gruesos

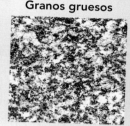

Diorita

Sin granos visibles

Sílex

Forma de los granos

La forma de los granos de algunas rocas se debe a los cristales minerales que las forman. La forma de los granos de otras rocas, en cambio, se debe a que está formada por trocitos redondeados o irregulares de varias rocas.

Granos redondeados

Conglomerado

Granos irregulares

Brecha

Patrón de los granos

En las rocas veteadas, los granos pueden estar distribuidos en un patrón de capas planas o pueden formar remolinos o vetas de colores. En las rocas no veteadas, los granos no están distribuidos en un patrón visible.

No veteadas

Cuarcita

Veteadas

Gneis

¡aplícalo!

Esta fotografía muestra parte de una roca de grano grueso. Lee el texto de esta página y luego responde las preguntas.

1 Observa ¿Es una roca veteada o no veteada? _____

2 Infiere Basándote en la apariencia de esta roca, ¿qué tipo de roca crees que puede ser? _____

3 DESAFÍO El gneis se forma cuando se aplican temperaturas muy altas y una gran presión sobre una roca. ¿De qué manera estas condiciones pueden explicar el patrón ondulado de esta roca?

_____
_____
_____
_____

Origen Teniendo en cuenta las características del color, la textura y la composición mineral, los geólogos pueden clasificar una roca según su origen. El origen de una roca es la manera en que se formó. 🔑 **Los geólogos clasificaron las rocas en tres grupos principales: roca ígnea, roca sedimentaria y roca metamórfica.**

Cada uno de estos tres grupos de rocas se forma de una determinada manera, como muestra la **ilustración 2.** La **roca ígnea** se forma a partir del enfriamiento de magma o lava. El magma se endurece bajo tierra y forma roca. La lava hace erupción, se enfría y se endurece y forma roca en la superficie de la Tierra.

La mayor parte de la **roca sedimentaria** se forma cuando partículas pequeñas de rocas o restos de plantas y animales son aplastados y se cementan en una sola masa. La roca sedimentaria se forma en capas que están enterradas debajo de la superficie. La **roca metamórfica** se forma cuando una roca es modificada por el calor o la presión, o por reacciones químicas. La mayoría de las rocas metamórficas se forman muy por debajo de la superficie.

Identifica la idea principal
Lee el texto de esta página. Subraya de qué manera se forman los tres grupos principales de rocas.

ILUSTRACIÓN 2
Origen de las rocas
Las rocas se clasifican según la manera en que se formaron.

✏ **Interpreta diagramas** Usa las oraciones que subrayaste y rotula cada diagrama con el origen de roca que represente.

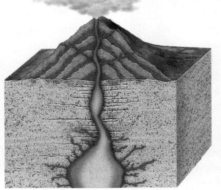
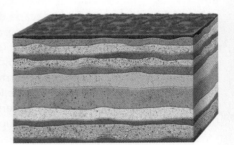

Zona de laboratorio Haz la Actividad rápida de laboratorio *Clasifica estas rocas.*

🔑 Evalúa tu comprensión

1a. Repasa Los geólogos clasifican las rocas

según su _____

b. Explica ¿De qué manera se forman las rocas ígneas?

_____

_____

c. Clasifica La piedra pómez es un tipo de roca que se forma a partir de materia fundida que hace erupción de un volcán de manera violenta. ¿A qué grupo de rocas pertenece la piedra pómez?

_____

_____

¿comprendiste? ....

○ **¡Comprendí!** Ahora sé que los geólogos clasifican las rocas en tres grupos principales que se llaman _____

○ Necesito más ayuda con _____

Consulta MY SCIENCE **S** COACH *en línea para obtener ayuda en inglés sobre este tema.*

3 Rocas ígneas

¿Cómo clasifican los geólogos las rocas ígneas?

¿Para qué se usan las rocas ígneas?

mi DiaRio DeL pLaneta

Diamantes en el Ártico

Si quisieras buscar diamantes, ¿por dónde empezarías? ¿Tal vez volarías en helicóptero sobre el Círculo Ártico? En la década de 1980, dos geólogos usaron un helicóptero para buscar diamantes en Canadá. Sabían que los diamantes se forman a más de 100 kilómetros por debajo de la superficie de la Tierra. También sabían que, después de que los diamantes se forman, las poderosas erupciones de magma pueden empujarlos a la superficie a través de conductos volcánicos. Cuando el magma se enfría y se endurece, los diamantes quedan atrapados dentro de roca volcánica.

Estos geólogos encontraron una fuente de diamantes después de buscar por muchos años. ¡Hoy en día las minas de diamantes en Canadá son de las más productivas del mundo!

DESCUBRIMIENTO

Comenta la pregunta con un grupo de compañeros. Escribe las respuestas en el espacio que sigue.

Si quisieras buscar diamantes, ¿qué tipo de roca buscarías? ¿Por qué?

_____

_____

_____

> PLANET DIARY   Consulta *Planet Diary* para aprender más en inglés sobre las rocas volcánicas.

Zona de **laboratorio**®   Haz la Indagación preliminar *De líquido a sólido.*

¿Cómo clasifican los geólogos las rocas ígneas?

Observa la **ilustración 1.** Todas las rocas de la ilustración son rocas ígneas. Pero, ¿se ven todas iguales? No, porque si bien todas se forman a partir de magma y lava, las rocas ígneas pueden tener apariencias muy distintas. **Las rocas ígneas se clasifican según su origen, textura y composición mineral.**

Vocabulario

- roca extrusiva
- roca intrusiva (o plutónica)

Destrezas

Lectura: Relaciona causa y efecto

Indagación: Interpreta datos

Origen Las rocas ígneas pueden formarse sobre la superficie de la Tierra o debajo de ella. La **roca extrusiva** es una roca ígnea formada a partir de lava que hace erupción sobre la superficie de la Tierra. El basalto es la roca extrusiva más frecuente.

La roca ígnea que se forma cuando el magma se endurece bajo la superficie de la Tierra se denomina **roca intrusiva.** El tipo de roca intrusiva que más abunda en la corteza continental es el granito. El granito se forma a decenas de kilómetros bajo la superficie de la Tierra a lo largo de cientos de miles de años.

Textura Las distintas rocas ígneas pueden tener composiciones minerales similares y texturas muy diferentes. La textura de una roca ígnea depende del tamaño y la forma de sus cristales minerales. La única excepción a esta regla son los distintos tipos de vidrio volcánico, que es una roca ígnea que carece de estructura cristalina.

La lava que se enfría rápido forma rocas ígneas de granos finos con cristales pequeños o sin cristales. El magma que se enfría despacio forma rocas de granos gruesos, como el granito, con cristales grandes. Por eso, las rocas intrusivas y extrusivas suelen tener texturas distintas. Por ejemplo, las rocas intrusivas tienen granos más grandes y las extrusivas tienen una textura de grano fino o vítrea. La **ilustración 1** muestra las distintas texturas de algunas rocas ígneas.

Vocabulario Palabras de origen latino *Ignis* significa "fuego" en latín. ¿Qué tienen de "ardiente" las rocas ígneas?

_____

_____

_____

_____

_____

ILUSTRACIÓN 1 ·····················

> ART IN MOTION **Origen y textura de las rocas ígneas**
La textura de las rocas ígneas varía en función de su origen.

Interpreta diagramas
¿Las rocas de las fotografías se formaron en el punto A o en el punto B? Escribe tus respuestas en los espacios en blanco.

A

B

Pórfido

El pórfido que se muestra aquí tiene cristales grandes rodeados de cristales más pequeños. ¿Dónde se formaron los cristales grandes?_____

Pegmatita

Roca ígnea intrusiva de granos muy gruesos.

_____

Riolita

La riolita es una roca ígnea extrusiva de granos finos con una composición similar a la del granito. _____

¡aplícalo!

La diorita es una roca ígnea intrusiva de grano grueso. Es una mezcla de feldespato y minerales de color oscuro como la hornablenda y la mica. La proporción de feldespato y minerales oscuros en la diorita puede variar.

1 **Interpreta datos** ¿Cuál es el mineral más abundante en la muestra de diorita de la gráfica?

_____

2 [DESAFÍO] ¿De qué manera cambiaría el color de la diorita si contuviera menos hornablenda y más feldespato? Explica tu respuesta.

_____
_____
_____
_____

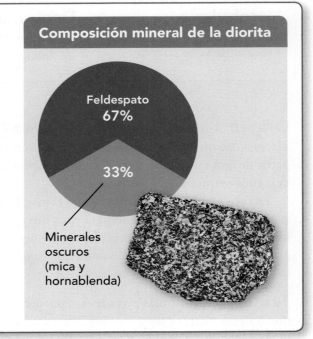

Composición mineral de la diorita

Feldespato
67%

33%

Minerales oscuros (mica y hornablenda)

Composición mineral Recuerda que el contenido de sílice del magma y la lava puede variar. La lava que contiene poco sílice suele formar rocas de color oscuro, como el basalto. El basalto contiene feldespato y ciertos minerales de color oscuro, pero no contiene cuarzo.

El magma que tiene alto contenido de sílice suele formar rocas de color claro, como el granito. La composición mineral del granito es lo que determina su color, que puede ser gris claro, rojo o rosado. El granito que contiene mucho feldespato rojizo tiene manchas de color rosa. Pero el granito que contiene mucha hornablenda y mica oscura es gris claro con manchas oscuras. Los cristales de cuarzo agregan al granito manchas de color gris claro o ahumado.

Relaciona causa y efecto
¿Qué es lo que determina el color del granito?

○ su composición mineral

○ su densidad

Zona de laboratorio ® Haz la Actividad rápida de laboratorio *¿Cómo se forman las rocas ígneas?*

🔑 Evalúa tu comprensión

1a. Identifica La riolita es una roca ígnea (intrusiva/extrusiva).

b. Resume ¿Cómo se forma la riolita?

_____
_____

c. Compara y contrasta La composición de la riolita es similar a la del granito. ¿Por qué la textura de la riolita es distinta a la del granito?

_____
_____
_____

¿comprendiste? ....

○ **¡Comprendí!** Ahora sé que las rocas ígneas se clasifican según su _____

_____

○ Necesito más ayuda con _____

Consulta **my science** 🗨 **coach** *en línea para obtener ayuda en inglés sobre este tema.*

¿Para qué se usan las rocas ígneas?

Muchas rocas ígneas son duras, densas y resistentes. **A lo largo de la historia, las rocas ígneas se han usado para fabricar herramientas y materiales de construcción.**

El granito se ha usado durante muchísimo tiempo como material de construcción. Hace más de 3,500 años, los antiguos egipcios usaban granito para construir estatuas. Hace aproximadamente 600 años, los incas en Perú construían fuertes con bloques grandes de granito y otras rocas ígneas. Puedes ver una parte de uno de sus fuertes en la **ilustración 2.** En los Estados Unidos, durante el siglo XIX y principios del siglo XX, el granito se usaba en abundancia para construir puentes y edificios públicos. En la actualidad, se usan placas delgadas y pulidas de granito para hacer pisos y cunetas. Otra roca ígnea, el basalto, puede usarse para hacer empedrados, y también puede triturarse y usarse como material para fabricar calles y decorar áreas exteriores y jardines.

Las rocas ígneas como la piedra pómez y la obsidiana también tienen usos importantes. La superficie rugosa de la piedra pómez se forma cuando quedan atrapadas burbujas de gas en la lava que se enfría rápido, y dejan espacios en la roca. La superficie rugosa de la piedra pómez la convierte en un abrasivo efectivo para tareas de limpieza y pulido. Los antiguos nativos del continente americano usaban obsidiana para fabricar herramientas filosas para cortar y rayar. La obsidiana se enfría muy rápido sin que se formen cristales, por eso tiene una textura lisa y brillosa similar a la del vidrio. La perlita, que se forma por el enfriamiento rápido de magma o lava, suele mezclarse con el suelo y se usa para cultivar verduras y hortalizas.

▲ Ollantaytambo

ILUSTRACIÓN 2 ·······················
Bloques para la construcción
La roca ígnea se ha usado durante mucho tiempo como material de construcción, como en este fuerte inca, en Perú.

✎ **Trabaja con restricciones de diseño** Un fuerte debe ser lo suficientemente firme como para resistir ataques violentos. ¿Por qué crees que los incas habrán elegido roca ígnea para construir su fuerte cerca de Ollantaytambo en Perú?

_____

_____

_____

_____

_____

Zona de laboratorio | Haz la Actividad rápida de laboratorio *Las rocas que nos rodean.*

Evalúa tu comprensión

¿comprendiste? ·······························

○ ¡Comprendí! Ahora sé que, a lo largo de la historia, las rocas ígneas se han usado para _____

_____

○ Necesito más ayuda con _____

Consulta my science COACH *en línea para obtener ayuda en inglés sobre este tema.*

Rocas sedimentarias

🔑 **¿Cómo se forman las rocas sedimentarias?**

🔑 **¿Cuáles son los tres tipos principales de rocas sedimentarias?**

🔑 **¿Para qué se usan las rocas sedimentarias?**

mi DiaRio DeL pLaneta

PROFESIONES

A punta de lanza

Si tuvieses que tallar piedras para hacer herramientas, ¿sabrías qué rocas elegir? La Dra. Beverly Chiarulli, arqueóloga de la Universidad de Indiana en Pensilvania, estudia herramientas de piedra que usaban quienes habitaban Pensilvania hace 10,000 años. La Dra. Chiarulli descubrió que esta gente fabricaba puntas de lanzas con rocas sedimentarias llamadas chert y jaspe. El chert es una roca dura y tiene una textura muy fina. Es quebradiza, pero de fractura astillosa, es decir que no se quiebra en partes delgadas y parejas. Por eso, es fácil dar forma al chert rompiéndolo en láminas hasta obtener las aristas cortantes que se necesitan para la punta de una lanza.

Lee el texto y luego responde la pregunta.

¿Qué propiedades del chert permiten que esta roca pueda ser tallada hasta obtener puntas filosas de lanza?

_____

_____

_____

_____

▶ **PLANET DIARY** Consulta *Planet Diary* para aprender más en inglés sobre las rocas sedimentarias.

Zona de laboratorio Haz la Indagación preliminar *Prueba de acidez de las rocas.*

¿Cómo se forman las rocas sedimentarias?

Las orillas de un riachuelo pueden tener una mezcla de granos de arena, lodo y canto rodado. También puede haber conchas marinas, hojas y huesos. Todos son ejemplos de sedimentos. Los **sedimentos** son trozos pequeños y sólidos de materiales que provienen de rocas o de seres vivos.

Las rocas sedimentarias se forman cuando el sedimento es depositado por el agua o el viento, como en la **ilustración 1**. 🔑 **La mayoría de las rocas sedimentarias se forman por una secuencia de procesos: desgaste, erosión, sedimentación, compactación y cementación.**

Vocabulario

- sedimento • desgaste • erosión • sedimentación
- compactación • cementación • roca clástica
- roca orgánica • roca química

Destrezas

Lectura: Identifica la idea principal

Indagación: Infiere

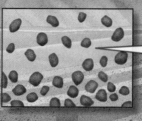

Sedimentación

El agua puede transportar sedimento a un lago o un océano. Allí, cuando llega al fondo, el material se deposita en capas. La **sedimentación** es el proceso por el cual el sedimento que es transportado por el agua o el viento se asienta.

Desgaste y erosión

La roca de la superficie de la Tierra se quiebra de manera constante por el **desgaste,** que es el efecto que ejercen sobre la roca la congelación y la descongelación, las raíces de las plantas, el ácido y otras fuerzas. Después de que la roca se parte, esos fragmentos son desplazados como resultado de la **erosión,** que es el proceso por el cual el agua, el viento o el hielo desplazan trozos de roca desgastada.

Compactación

Durante años, capas gruesas de sedimento se van acumulando. El peso de las capas nuevas puede aplastar los sedimentos más viejos y hacer que se unan. El proceso por el cual los sedimentos se aplastan y forman una sola masa se denomina **compactación.**

Cementación

Durante el proceso de compactación, algunos minerales de la roca se disuelven lentamente en el agua. La **cementación** es el proceso por el cual los minerales disueltos se cristalizan y forman una masa de partículas de sedimento.

ILUSTRACIÓN 1 ·······················

Cómo se forman las rocas sedimentarias

Las rocas sedimentarias se forman por una serie de procesos que tienen lugar durante millones de años.

✏ **Sigue la secuencia** Ubica los términos del banco de palabras en la secuencia correcta para mostrar cómo las montañas se convierten en roca sedimentaria.

Compactación
Cementación
Desgaste y erosión
Sedimentación

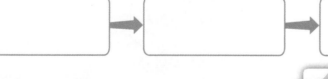

 Zona de laboratorio Haz la Actividad rápida de laboratorio *¿Qué efectos tiene la presión en las partículas de roca?*

🔑 Evalúa tu comprensión

¿comprendiste? ···

O **¡Comprendí!** Ahora sé que la mayoría de las rocas sedimentarias se forman por los procesos de _____

_____

O Necesito más ayuda con _____

Consulta **MY SCIENCE** 🗨 **COACH** *en línea para obtener ayuda en inglés sobre este tema.*

¿Cuáles son los tres tipos principales de rocas sedimentarias?

Los geólogos clasifican las rocas sedimentarias según el tipo de sedimento que las forma. 🔑 **Los tres tipos principales de rocas sedimentarias son las rocas clásticas, las rocas orgánicas y las rocas químicas.** Cada uno de estos tres tipos de rocas se forma por distintos procesos.

Las rocas clásticas La mayoría de las rocas sedimentarias están formadas por trozos desgastados de otras rocas. Una **roca clástica** es una roca sedimentaria que se forma cuando fragmentos de rocas se aplastan y forman una sola masa. El tamaño de los fragmentos puede variar desde partículas de arcilla tan pequeñas que sólo se ven con un microscopio hasta trozos de piedra grandes y pesados. Las rocas clásticas se agrupan según el tamaño de los fragmentos de roca, o partículas, que las conforman. Algunas rocas clásticas comunes, como las de la **ilustración 2**, son la lutita, la arenisca, el conglomerado y la brecha.

La lutita se forma a partir de partículas diminutas de arcilla. El agua deposita las partículas de arcilla en capas delgadas y parejas. La arenisca se forma a partir de la arena de las playas, del suelo oceánico, de los cauces de los ríos y de las dunas de arena. La mayoría de las partículas de arena está formada por cuarzo.

Algunas rocas sedimentarias clásticas contienen fragmentos de roca de varios tamaños. Si los fragmentos tienen bordes redondeados, forman conglomerado, y si tienen los bordes filosos, forman brecha.

✏️ **Identifica la idea principal**

Las rocas clásticas se agrupan según el tamaño de _____ _____ que las conforman.

ILUSTRACIÓN 2 ···············
Rocas clásticas
Las rocas clásticas son rocas sedimentarias formadas por partículas de otras rocas.

✏️ **Identifica** Une cada roca clástica con las fotografías que están debajo. Escribe tu respuesta en los espacios en blanco.

Lutita
La lutita suele contener fósiles y, por lo general, se parte en láminas.

_____

Arenisca
La gran cantidad de orificios pequeños que hay entre los granos de arena de la arenisca permite que esta roca pueda absorber el agua.

_____

Conglomerado
El conglomerado está formado por fragmentos de roca con bordes redondeados.

_____

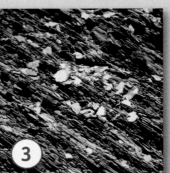

Brecha
La brecha está formada por fragmentos de roca con bordes filosos.

_____

Las rocas orgánicas

Las rocas orgánicas Tal vez ya conozcas las rocas de la **ilustración 3**: el carbón y la piedra caliza. Ambas son rocas sedimentarias, pero en vez de formarse a partir de partículas de otras rocas, se forman a partir de restos de material de seres vivos. La **roca orgánica** se forma cuando restos de plantas y animales se depositan en capas. El término "orgánico" hace referencia a sustancias que alguna vez formaron parte de seres vivos o fueron producidas por seres vivos.

El carbón se forma a partir de restos de plantas de pantanos enterradas bajo el agua. Cuando los restos de la planta se acumulan capa sobre capa, el peso de las capas aplasta las plantas en descomposición hasta que se unen y forman una sola masa. Con el correr de millones de años, esas plantas se convierten poco a poco en carbón.

La piedra caliza se forma en el océano, donde muchos seres vivos, como corales, almejas y ostras, tienen conchas marinas duras o esqueletos de calcita. Cuando estos animales marinos mueren, sus cubiertas se acumulan en el fondo del mar. Con el correr de millones de años, los procesos de compactación y cementación pueden convertir este sedimento espeso en piedra caliza.

ILUSTRACIÓN 3 ······························

Rocas orgánicas

Las rocas orgánicas como la piedra caliza y el carbón son rocas sedimentarias que se forman a partir de restos de seres vivos.

✎ **Sigue la secuencia** Completa los organizadores gráficos para mostrar cómo se forman el carbón y la piedra caliza.

Carbón

Restos de plantas de pantanos enterradas bajo el agua.

_____
_____

_____
_____

Con el correr de millones de años, se forma el carbón.

Piedra caliza

Los animales marinos con conchas o esqueletos duros mueren.

_____
_____

_____
_____

El sedimento se convierte, poco a poco, en piedra caliza.

¡aplícalo!

Estas "torres" de roca en el lago Mono, California, están hechas de toba, que es un tipo de piedra caliza. La toba se forma a partir de soluciones de agua que contienen materiales disueltos. Las torres se formaron bajo el agua, pero salieron a la superficie cuando bajó el nivel del lago debido a que se necesitaba agua en la ciudad de Los Ángeles. Lee el texto sobre los principales tipos de rocas sedimentarias y luego responde las preguntas.

1 Clasifica La toba es una roca sedimentaria (clástica/orgánica/química).

2 Infiere ¿Qué mineral se encontraba disuelto en las aguas del lago Mono y luego se cristalizó y formó estas torres de roca?

_____

3 DESAFÍO Cuando el ácido entra en contacto con la calcita, hace burbujas. ¿De qué manera pueden usar ácido los geólogos para confirmar que las torres de roca están formadas por piedra caliza?

_____
_____
_____
_____

Las rocas químicas La piedra caliza también puede formarse cuando la calcita que está disuelta en lagos, mares y aguas subterráneas deja una solución y forma cristales. Este tipo de piedra caliza se considera una roca química. La **roca química** se forma cuando se cristalizan los minerales que están disueltos en una solución de agua. Las rocas químicas también pueden formarse a partir de los depósitos minerales que quedan cuando se evapora un mar o un lago. Por ejemplo, la sal de roca está formada por el mineral halita, que se forma mediante la evaporación.

 Zona de laboratorio Haz la Actividad rápida de laboratorio *¿Cómo se forman las capas?*

Evalúa tu comprensión

1a. Repasa La lutita se forma a partir de partículas diminutas de (arcilla/arena/mica).

b. Describe ¿De qué manera se deposita la arcilla para formar la lutita?

_____
_____
_____

c. Infiere Encuentras un depósito espeso de lutita que forma una capa en el suelo. ¿Qué puedes inferir sobre las características del medio ambiente de esa área en el pasado?

_____
_____
_____

¿comprendiste? ....

○ **¡Comprendí!** Ahora sé que los tres tipos principales de rocas sedimentarias son _____

○ Necesito más ayuda con _____

Consulta MY SCIENCE COACH *en línea para obtener ayuda en inglés sobre este tema.*

¿Para qué se usan las rocas sedimentarias?

🔑 **A lo largo de la historia, las rocas sedimentarias se han usado para varios propósitos, entre ellos para fabricar herramientas y materiales de construcción.** Los antiguos habitantes de Pensilvania usaban chert para fabricar puntas de lanzas hace más de 10,000 años. Otros pueblos también fabricaron puntas de flechas con sílex durante miles de años. El sílex es una roca dura, pero puede tallarse en forma de punta. Se forma cuando partículas pequeñas de sílice dejan el agua.

Durante miles de años, se utilizaron rocas sedimentarias como la arenisca y la piedra caliza como materiales de construcción. Ambos tipos de piedra son lo suficientemente blandos como para cortarlos en bloques o placas. La Casa Blanca en Washington, D.C., fue construida con arenisca. En la actualidad se usa arenisca y piedra caliza para las paredes exteriores de los edificios, como en el edificio de la **ilustración 4**. La piedra caliza también se usa con fines industriales, por ejemplo, para fabricar cemento y acero.

ILUSTRACIÓN 4 ·······························
▶ REAL-WORLD INQUIRY
Construir con piedra caliza
La piedra caliza es un material de construcción muy común. Sin embargo, la lluvia ácida reacciona con la calcita de la piedra caliza, lo cual causa daño a los edificios construidos con ella.

✏️ **Evalúa el diseño** ¿Los beneficios de construir con piedra caliza compensan el daño que le causa la lluvia ácida a los edificios? Explica tu respuesta.

_____

_____

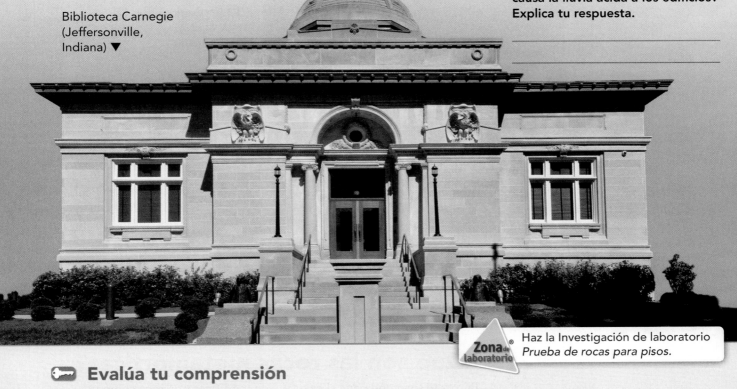

Biblioteca Carnegie (Jeffersonville, Indiana) ▼

Zona de laboratorio ® Haz la Investigación de laboratorio *Prueba de rocas para pisos.*

🔑 **Evalúa tu comprensión**

¿comprendiste? ···

○ **¡Comprendí!** Ahora sé que, a lo largo de la historia, las rocas sedimentarias se han usado para _____

○ Necesito más ayuda con _____

Consulta MY SCIENCE 🅢 COACH *en línea para obtener ayuda en inglés sobre este tema.*

Rocas metamórficas

DESCUBRE LA PREGUNTA PRINCIPAL

🔑 ¿Qué son las rocas metamórficas?

mi DiaRio DeL pLaneta

CONCEPTO ERRÓNEO

Masa para rocas

Concepto erróneo:
Las rocas no cambian de forma.

¿Sabías que el calor puede cambiar la forma de una roca sin derretirla? Para comprender esto, piensa qué pasa cuando cocinas galletas. Probablemente mezcles en un recipiente harina, huevos, azúcar y polvo para hornear. Cuando cocinas la masa cruda en un horno caliente, la masa cambia y se convierte en galletas.

El calor también puede cambiar la roca. Si el magma o la lava calientes se acercan a una roca, la pueden "cocinar". Es posible que los ingredientes de la roca, que son los minerales no se derritan, ¡pero aun así el calor puede hacer que la roca cambie de forma!

Lee el texto y luego responde la pregunta siguiente.

¿Es necesario que la roca se derrita para cambiar de forma? Explica tu respuesta.

_____

_____

_____

_____

_____

> PLANET DIARY Consulta *Planet Diary* para aprender más en inglés sobre cómo pueden cambiar de forma las rocas.

Zona de laboratorio Haz la Indagación preliminar *Una roca con lentejuelas.*

¿Qué son las rocas metamórficas?

Tal vez te sorprenda que el calor pueda modificar una roca como un horno caliente modifica la masa de galletas cruda. Sin embargo, en lo más profundo de la Tierra, el calor y la presión son mucho mayores que en la superficie terrestre. Cuando se aplica mucho calor y presión sobre una roca, su forma y composición pueden cambiar. 🔑 **Cualquier roca que se forme a partir de otra, como resultado de cambios en la cantidad de calor o de presión (o de ambos) que recibe es una roca metamórfica.**

Vocabulario
- foliación

Destrezas
- Lectura: Relaciona causa y efecto
- Indagación: Observa

Formación de las rocas metamórficas
Las rocas metamórficas pueden formarse a partir de roca ígnea, roca sedimentaria o de otras rocas metamórficas. Muchas rocas metamórficas se encuentran en las montañas o cerca de masas grandes de roca ígnea. ¿Por qué las rocas metamórficas suelen encontrarse en estos lugares? La respuesta está en el interior de la Tierra.

El calor que puede convertir una roca en roca metamórfica puede provenir de bolsas de magma. Por ejemplo, las bolsas de magma pueden subir y atravesar la corteza. Las altas temperaturas que tienen estas bolsas pueden convertir la roca en roca metamórfica. Los choques entre las placas de la Tierra también pueden empujar la roca hacia abajo hasta llegar al calor del manto.

La presión muy alta también puede convertir la roca en roca metamórfica. Por ejemplo, los choques entre placas generan una gran presión que se ejerce sobre las rocas mientras se forman las montañas. Esta presión puede deformar o cambiar la apariencia física de la roca, como la roca de la **ilustración 1**. Además, cuanto más profundo se entierra la roca en la corteza, mayor presión recibe. Bajo temperaturas o presiones extremas (o ambas), los minerales de una roca pueden cambiar y convertirse en otros minerales. Al mismo tiempo, también cambian la apariencia, la textura y la estructura cristalina de los minerales de esa roca. Y, finalmente, la roca se convierte en una roca metamórfica.

ILUSTRACIÓN 1 ·······························
Roca metamórfica
La roca de la fotografía fue en algún momento una roca sedimentaria. Ahora es una roca metamórfica.

✎ **Desarrolla hipótesis** ¿Por qué cambió la roca? En tu respuesta, asegúrate de explicar la apariencia actual de la roca.

_____

_____

_____

_____

Deformación de una roca metamórfica en el este de Connecticut ▲

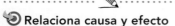

Relaciona causa y efecto

Lee el texto de esta página. Subraya cada oración que describa cómo un tipo de roca se convierte en otro tipo de roca.

Clasificación de las rocas metamórficas

Cuando las rocas metamórficas se están formando, el calor intenso cambia el tamaño y la forma de los granos, o cristales minerales, de las rocas. La presión extrema aplasta la roca de manera que los granos minerales se alinean en capas planas y paralelas. **Los geólogos clasifican las rocas metamórficas según la disposición de los granos que las conforman.**

Rocas con foliación Se dice que las rocas metamórficas con granos dispuestos en capas paralelas o bandas tienen foliación. El término **foliación** describe la disposición en capas delgadas y planas que tienen la mayoría de las rocas metamórficas. Por ejemplo, los cristales del granito pueden aplanarse y formar la textura con foliación del gneis. La pizarra también es una roca con foliación común. El calor y la presión convierten la roca sedimentaria lutita en pizarra. La pizarra es una versión más densa y compacta de la lutita. Sin embargo, cuando la lutita se convierte en pizarra, su composición mineral puede cambiar.

Rocas sin foliación Algunas rocas metamórficas no tienen foliación. Los granos minerales de estas rocas están dispuestos al azar. El mármol y la cuarcita son rocas metamórficas que tienen una textura sin foliación. La cuarcita se forma a partir de la arenisca de cuarzo. Las partículas de cuarzo de la arenisca que no están cementadas firmemente vuelven a cristalizarse y forman la cuarcita, que es extremadamente dura. La cuarcita tiene una apariencia más suave que la arenisca, como muestra la **ilustración 2.** Por último, el mármol suele formarse cuando la piedra caliza se expone al calor y a la presión en lo profundo de la Tierra.

ILUSTRACIÓN 2

¡Listo!

El calor y la presión extremos pueden convertir un tipo de roca en otro.

Clasifica Rotula cada roca como *sedimentaria*, *ígnea* o *metamórfica*. Indica si las rocas metamórficas tienen foliación o no. Luego, colorea la punta correcta de la flecha para mostrar qué roca se puede formar a partir de la otra.

Granito

Gneis

Calor y presión

Cuarcita

Arenisca

Calor y presión

Para qué se usan las rocas metamórficas El mármol y la pizarra son dos de las rocas metamórficas más usadas. El mármol tiene granos parejos, por eso puede cortarse en placas delgadas o tallarse y darle muchas formas. Además, el mármol puede pulirse con facilidad. Por eso, los arquitectos y escultores usan mármol para hacer muchas estatuas y edificios, como la Torre de Pisa. Al igual que el mármol, la pizarra puede ser de varios colores, como gris, rojo o púrpura. Como tiene foliación, la pizarra se parte fácilmente en trozos planos. Estos trozos se usan para fabricar techos, pisos exteriores y como revestimiento para los edificios de piedra. 🗝 **Las rocas metamórficas mármol y pizarra son materiales importantes para la construcción y la escultura.**

Torre de Pisa ▶

¡aplícalo!

Si bien el mármol, la cuarcita y la pizarra son rocas metamórficas, cada una tiene distintos usos.

1 **Observa** Busca ejemplos de rocas metamórficas en tu escuela o en tu vecindario. ¿Para qué se usa cada roca metamórfica? Escribe tus respuestas en el cuaderno de la derecha.

2 **DESAFÍO** ¿Por qué las piezas de ajedrez a veces están hechas de mármol?

_____
_____
_____
_____

Zona de laboratorio Haz la Actividad rápida de laboratorio *¿Cómo podemos comparar los patrones de granos?*

🗝 Evalúa tu comprensión

1a. Define ¿Qué es una roca metamórfica?

_____
_____
_____
_____
_____

b. Identifica razonamientos erróneos Imagínate que una gran cantidad de calor derrite por completo un depósito de roca, que luego se endurece y forma roca nueva. Podrías pensar que esa roca nueva es metamórfica. Pero no lo es. ¿Por qué?

_____
_____
_____
_____

¿comprendiste? ....

○ **¡Comprendí!** Ahora sé que algunas rocas metamórficas se usan para _____

○ Necesito más ayuda con _____

Consulta MY SCIENCE 🅂 COACH *en línea para obtener ayuda en inglés sobre este tema.*

El ciclo de las rocas

DESCUBRE LA PREGUNTA PRINCIPAL

🔑 ¿Qué es el ciclo de la roca?

mi DiaRio DeL planeTa

DATO CURIOSO

Rodando de aquí para allá

Las montañas del Himalaya se están erosionando
a una velocidad de 2.5 milímetros por año aproximadamente.
¡Eso es casi un décimo de la velocidad con que te crecen las
uñas! Pero el Himalaya se formó hace millones de años. Imagina
la cantidad total de masa de roca que se ha desprendido de la
montaña y que luego ha sido arrastrada hasta el mar. Dentro de
millones de años, el peso de las partículas erosionadas aplastará
los pedacitos y hará que se unan en una sola masa en el fondo
del mar. Después, se formará roca nueva. Por último, los
antiguos trocitos del Himalaya se reciclarán dentro de la
roca nueva.

Lee el texto y luego responde la pregunta.

¿De qué manera los trozos pequeños de las montañas del
Himalaya forman roca nueva?

_____

_____

▷ PLANET DIARY Consulta *Planet Diary* para aprender más en
inglés sobre el ciclo de la roca.

Zona de laboratorio Haz la Indagación preliminar
Reciclar rocas.

¿Qué es el ciclo de la roca?

Las fuerzas de la naturaleza actúan sobre el Himalaya. De hecho, la roca
de la corteza terrestre está en constante cambio. 🔑 **Las fuerzas en lo
profundo de la Tierra y en la superficie producen un ciclo lento que
crea, destruye y cambia las rocas de la corteza.** El **ciclo de la roca** es
una serie de procesos en la superficie, la corteza y el manto de la Tierra
por medio de los cuales un tipo de roca se convierte lentamente en otro.
Por ejemplo, el desgaste puede reducir el granito a sedimento que luego
forma arenisca.

Vocabulario
- ciclo de la roca

Destrezas
↻ Lectura: Sigue la secuencia
△ Indagación: Clasifica

Un recorrido por el ciclo de las rocas Las rocas atraviesan muchas etapas durante el ciclo de las rocas. La montaña Stone Mountain, cerca de Atlanta, está formada por granito. El granito de Stone Mountain, como muestra la **ilustración 1,** se formó hace millones de años cuando el magma se enfrió bajo la superficie de la Tierra.

Después de que se había formado el granito, las fuerzas producidas por la formación de las montañas empujaron lentamente el granito hacia arriba. Luego, durante millones de años, los procesos de desgaste y erosión empezaron a desgastar el granito. En la actualidad, partículas de granito de la montaña se desprenden constantemente y se convierten en arena. Los riachuelos arrastran esas partículas hasta el océano. ¿Qué crees que podría pasar después?

Durante millones de años, las capas de arena podrían acumularse en el fondo del mar. Poco a poco, la arena se compactaría por su propio peso, o tal vez la calcita que está disuelta en el agua del océano cementaría las partículas hasta que formen una sola masa. Con el tiempo, el cuarzo que alguna vez formó parte del granito de Stone Mountain podría convertirse en arenisca, que es una roca sedimentaria.

El sedimento podría seguir acumulándose sobre la arenisca. Finalmente, la presión ejercida sobre la roca compactaría sus partículas hasta que no quedara espacio entre ellas. La sílice, que es el componente principal del cuarzo, reemplazaría al cemento de calcita. La roca pasaría de tener una textura arenosa a tener una textura lisa. Después de millones de años, la arenisca se habría convertido en la roca metamórfica cuarcita.

↻ **Sigue la secuencia** Numera los materiales que se mueven a través del ciclo de la roca en Stone Mountain en la misma secuencia que se da en el texto:

_____ Arena

_____ Granito

_____ Cuarcita

ILUSTRACIÓN 1 ·······························
Stone Mountain
El granito de Stone Mountain se mueve a través del ciclo de la roca.

✎ **Responde las preguntas.**

1. △ **Clasifica** Como se ve en la fotografía, las raíces de los árboles que crecen en la montaña pueden romper el granito. ¿En qué paso del ciclo de la roca cumplen una función estos árboles?

_____

2. **DESAFÍO** ¿Se detiene el ciclo de la roca después de que se forma la cuarcita? Explica tu respuesta.

_____
_____
_____
_____
_____
_____

El ciclo de la roca

¿Cómo se forman las rocas?

ILUSTRACIÓN 2 ·····························

 Conversión de las rocas

A través de la fusión, el desgaste, la erosión, el calor y la presión, el ciclo de la roca convierte constantemente un tipo de roca en otro tipo.

Interpreta diagramas Estudia el diagrama. Luego, completa los espacios en blanco de las flechas con el término correcto: *fusión, desgaste y erosión* o *calor y presión*. (*Pista: Para que entren tus respuestas, abrevia "desgaste y erosión" como "d y e"*).

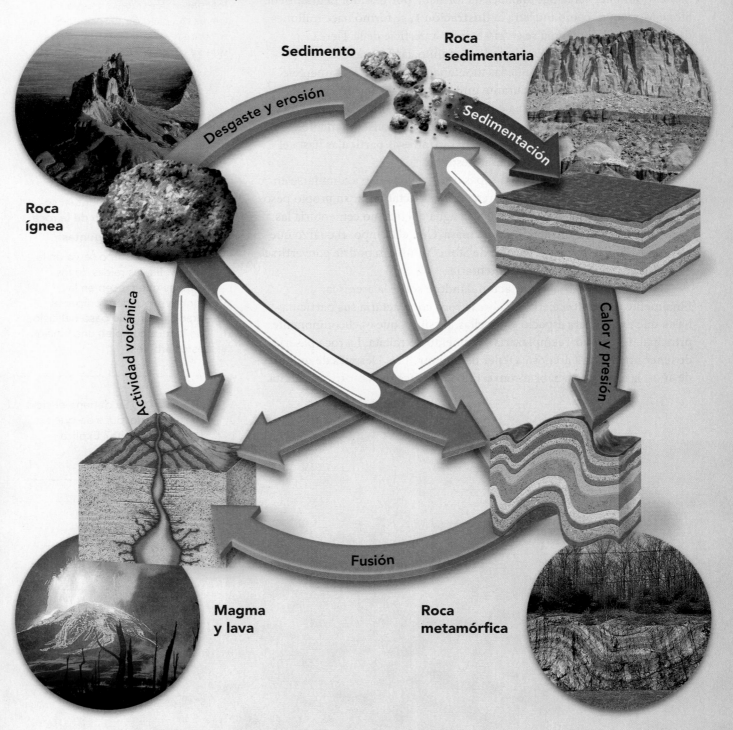

Sedimento

Roca sedimentaria

Desgaste y erosión

Sedimentación

Roca ígnea

Actividad volcánica

Calor y presión

Fusión

Magma y lava

Roca metamórfica

El ciclo de la roca y la tectónica de placas

Los cambios del ciclo de la roca están ampliamente relacionados con la tectónica de placas. La litósfera de la Tierra está formada por placas enormes que se mueven lentamente sobre la superficie terrestre como resultado de las corrientes de convección en el manto. Cuando las placas se mueven, arrastran con ellas los continentes y los suelos oceánicos. Estos movimientos impulsan el ciclo de la roca porque contribuyen con la formación de magma, la fuente de las rocas ígneas.

Cuando las placas oceánicas se alejan unas de otras, el magma formado a partir de roca derretida del manto sube y llena el espacio con roca ígnea nueva. Cuando una placa oceánica se hunde debajo de una placa continental por el proceso de subducción, se forma magma y sube. El resultado es un volcán formado por roca ígnea. Un choque entre placas continentales puede empujar las rocas tan profundo que se derriten y forman magma, que luego genera la formación de roca ígnea.

La roca sedimentaria también puede formarse a partir del movimiento de las placas. Por ejemplo, el choque entre dos placas continentales puede ser lo suficientemente fuerte como para formar una cordillera. Luego, comienzan los procesos de desgaste y erosión. Las montañas se erosionan. Este proceso lleva a la formación de roca sedimentaria.

Por último, un choque entre placas continentales puede empujar las rocas muy por debajo de la superficie. Allí, el calor y la presión pueden convertir las rocas en rocas metamórficas.

Conservación de material en el ciclo de la roca

Las fuerzas constructivas y destructivas crean y destruyen masas de tierra. Pero cuando la roca de la corteza terrestre se mueve por el ciclo de la roca, no se obtiene ni se pierde material. Una montaña puede erosionarse y formar sedimento, y ese proceso lleva a la formación de roca nueva.

¡aplícalo!

Se forma roca nueva en el suelo oceánico en la dorsal mesoatlántica. Allí, dos placas se alejan una de otra.

1 La roca (ígnea/sedimentaria) se forma en el punto A.

2 ¿De qué manera la roca que se forma en la dorsal mesoatlántica puede convertirse en roca sedimentaria?

_____

_____

_____

_____

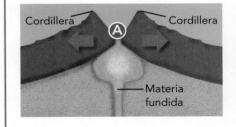

Cordillera   Cordillera

(A)

Materia fundida

Zona de laboratorio Haz la Actividad rápida de laboratorio *¿Cuál de estas rocas se formó primero?*

Evalúa tu comprensión

1a. Nombra El ciclo de la roca crea, destruye y cambia la roca (de la corteza/del núcleo) terrestre.

b. RESPONDE LA PREGUNTA PRINCIPAL **Describe** ¿Cómo se forman las rocas?

_____

_____

_____

_____

_____

_____

¿comprendiste? ....

○ **¡Comprendí!** Ahora sé que el ciclo de la roca es _____

_____

_____

○ **Necesito más ayuda con** _____

Consulta MY SCIENCE COACH *en línea para obtener ayuda en inglés sobre este tema.*

CAPÍTULO 2

Guía de estudio

En el ciclo de la roca, las rocas se forman mediante tres procesos principales:

_____, _____ y

_____ .

LECCIÓN 1 Propiedades de los minerales

🔑 Un mineral es un sólido natural que puede formarse por procesos inorgánicos.

🔑 Cada mineral tiene propiedades específicas.

🔑 Un mineral se forma por enfriamiento de magma y lava, por soluciones o por procesos orgánicos.

Vocabulario
- mineral • inorgánico • cristal • raya • brillo
- escala de dureza de Mohs • exfoliación • fractura
- geoda • cristalización • solución • vena

LECCIÓN 2 Clasificación de las rocas

🔑 Para estudiar una muestra de roca, los geólogos observan la composición mineral de la roca, su color y su textura.

🔑 Los geólogos clasificaron las rocas en tres grupos principales: roca ígnea, roca sedimentaria y roca metamórfica.

Vocabulario
- minerales formadores de rocas
- granito • basalto
- grano • textura • roca ígnea
- roca sedimentaria • roca metamórfica

LECCIÓN 3 Rocas ígneas

🔑 Las rocas ígneas se clasifican según su origen, textura y composición mineral.

🔑 A lo largo de la historia, las rocas ígneas se han usado para fabricar herramientas y como material de construcción.

Vocabulario
- roca extrusiva
- roca intrusiva

LECCIÓN 4 Rocas sedimentarias

🔑 La mayoría de las rocas sedimentarias se forman a través de una serie de procesos: desgaste, erosión, sedimentación, compactación y cementación.

🔑 Los tres tipos principales de rocas sedimentarias son: rocas clásticas, rocas orgánicas y rocas químicas.

🔑 Las personas usan las rocas sedimentarias para fabricar herramientas y como material de construcción.

Vocabulario
- sedimento • desgaste • erosión
- sedimentación • compactación • cementación
- roca clástica • roca orgánica • roca química

LECCIÓN 5 Rocas metamórficas

🔑 Cualquier roca que se forme a partir de otra roca como resultado de cambios en la cantidad de calor o de presión (o de ambos) que recibe es una roca metamórfica.

🔑 Los geólogos clasifican las rocas metamórficas según la disposición de los granos que las conforman.

🔑 Las rocas metamórficas mármol y pizarra son materiales usados en la construcción y la escultura.

Vocabulario
- foliación

LECCIÓN 6 El ciclo de las rocas

🔑 Las fuerzas en lo profundo de la Tierra y en la superficie producen un ciclo lento que crea, destruye y cambia las rocas de la corteza.

Vocabulario
- ciclo de la roca

Repaso y evaluación

LECCIÓN 1 **Propiedades de los minerales**

1. La raya de un mineral es el color de su

    a. brillo.   **b.** exfoliación.

    c. polvo.   **d.** fractura.

2. Durante el proceso de cristalización, _____ _____ se distribuyen y forman un material con una estructura cristalina.

3. Compara y contrasta Completa la tabla para comparar las características de un mineral y de un material que no es un mineral.

	Hematita	Ladrillo
Natural	✔	✘
Puede formarse a partir de procesos inorgánicos		
Sólido		
Estructura cristalina		
Composición química específica		

LECCIÓN 2 **Clasificación de las rocas**

4. Una roca que se forma a partir de muchos fragmentos pequeños de otras rocas es una

    a. roca ígnea.   **b.** roca sedimentaria.

    c. roca metamórfica.   **d.** roca extrusiva.

5. Los 20 minerales, aproximadamente, que forman la mayoría de las rocas de la corteza terrestre, se conocen como

_____

Usa la fotografía para responder la pregunta 6.

6. Interpreta fotografías Describe la textura de esta roca.

_____

_____

LECCIÓN 3 **Rocas ígneas**

7. ¿Qué tipo de roca ígnea, por lo general, contiene cristales grandes?

    a. orgánica   **b.** clástica

    c. intrusiva   **d.** extrusiva

8. El color de una roca ígnea está determinado

principalmente por su _____

9. Relaciona causa y efecto ¿Qué condiciones provocaron la formación de cristales grandes en las rocas ígneas?

_____

_____

10. 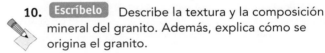 **Escríbelo** Describe la textura y la composición mineral del granito. Además, explica cómo se origina el granito.

LECCIÓN 4 **Rocas sedimentarias**

11. Encuentras un depósito de piedra caliza orgánica. ¿En qué lugar es probable que se haya formado?

    a. el océano   **b.** un volcán

    c. un pantano   **d.** dunas de arena

12. La lutita es una roca clástica, es decir que se forma cuando _____ se aplastan o se cementan (o ambos) y forman una sola masa.

13. Nombra Una determinada roca contiene trozos grandes e irregulares de otras rocas, cementados por partículas finas. ¿Qué tipo de roca es? Explica tu respuesta.

_____

_____

_____

14. **Escríbelo** Encuentras una roca que contiene fósiles. ¿Qué tipo de roca es más probable que sea: una roca sedimentaria o una roca ígnea? Explica tu respuesta.

2 Repaso y evaluación

LECCIÓN 5 Rocas metamórficas

15. Una roca metamórfica en la cual los granos están alineados en capas se denomina

    a. roca química.   **b.** roca clástica.

    c. roca no orgánica.   **d.** roca con foliación.

16. Dos ejemplos de tipos de rocas con foliación son

_____

17. Infiere ¿Por qué crees que la pizarra es más densa que la lutita?

_____

_____

18. Desarrolla hipótesis ¿Por qué los cristales del gneis están alineados en bandas?

_____

_____

_____

LECCIÓN 6 El ciclo de las rocas

19. El proceso por el cual la roca metamórfica se convierte en roca ígnea comienza con

    a. la fusión.   **b.** la erosión.

    c. la sedimentación.   **d.** la cristalización.

20. Los procesos de _____ pueden convertir la roca ígnea en sedimento.

21. **Escríbelo** Usa el diagrama para describir dos maneras por las cuales la roca metamórfica puede convertirse en roca sedimentaria.

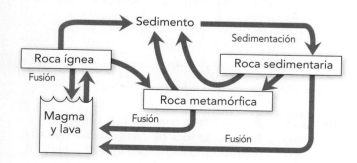

APLICA LA PREGUNTA PRINCIPAL

¿Cómo se forman las rocas?

22. Durante una caminata por las montañas, usas un cincel y un martillo para obtener las tres muestras de roca que se muestran a continuación. Clasifica las rocas que encontraste como ígneas, sedimentarias o metamórficas. Luego, describe la textura de cada roca y los procesos que la formaron.

_____

_____

_____

_____

_____

_____

_____

_____

_____

_____

_____

_____

_____

_____

_____

_____

_____

_____

_____

Preparación para exámenes estandarizados

Selección múltiple

Encierra en un círculo la letra de la mejor respuesta.

1. Estos diagramas muestran cuatro muestras distintas de minerales.

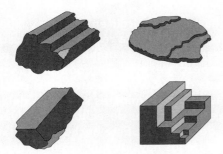

¿Qué propiedad mineral es la que mejor se observa en las muestras?

A estructura cristalina

B fractura

C dureza

D color

2. Encuentras una roca que tiene los granos dispuestos en bandas paralelas y onduladas de cristales blancos y negros. ¿Qué tipo de roca es probable que hayas encontrado?

A ígnea   **B** sedimentaria
C metamórfica   **D** extrusiva

3. ¿Cuál de estos enunciados describe mejor cómo se forma una roca ígnea extrusiva?

A El magma se enfría rápidamente sobre la superficie de la Tierra.

B El magma se enfría despacio y forma granito.

C El magma se enfría rápidamente bajo la superficie de la Tierra.

D El magma se enfría despacio bajo la superficie de la Tierra.

4. ¿Qué proceso provoca que las capas de muchas rocas sedimentarias sean visibles?

A erupción   **B** intrusión

C cristalización   **D** sedimentación

5. Si el calor y la presión en el interior de la Tierra cambian la textura y la estructura cristalina de una roca, ¿qué material nuevo se forma?

A roca metamórfica

B roca sedimentaria

C roca ígnea

D roca química

Respuesta elaborada

Usa la gráfica que sigue y tus conocimientos de ciencias para responder la pregunta 6. Escribe tu respuesta en una hoja aparte.

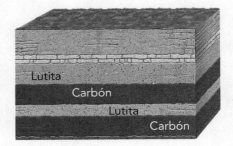

6. Describe las características del medio ambiente que existía hace millones de años, cuando estas rocas se formaron. Explica tu razonamiento.

La ciencia y la sociedad

LUCHA POR LA SUPERVIVENCIA

Un viejo problema ha vuelto a surgir en Arizona y Nuevo México. El territorio navajo de esta región está ubicado en una de las reservas más ricas en uranio de los Estados Unidos. El uranio empezó a explotarse por primera vez en esta área en la década de 1950 y se detuvo en la década de 1970. Cuando las empresas mineras se fueron del lugar, muchas de ellas no eliminaron los desechos radiactivos ni sellaron los túneles de las minas. Este hecho ha afectado ampliamente la salud de los navajos que viven y trabajan cerca de las antiguas minas.

Años más tarde, las empresas mineras han regresado al territorio navajo y al área que lo rodea. Esta vez, quieren emplear la extracción por disolución, en la que se usa agua para extraer la mena de uranio. Este método es más seguro que la explotación subterránea, pero aun así puede contaminar las aguas subterráneas. Además, al ser una zona principalmente desértica, el agua escasea y la explotación minera podría consumir toda el agua de la región.

El uranio es usado como combustible para los reactores nucleares que generan electricidad. Estos reactores no liberan carbono a la atmósfera, por eso algunas personas piensan que deberían usarse en lugar de las centrales eléctricas que operan con carbón para cumplir con nuestras demandas de electricidad. Los navajos que viven en un área que tiene carbón y uranio deben intentar tomar decisiones que sean buenas para su comunidad tanto en el presente como en el futuro.

Investígalo En grupo, investiga (a) los usos del uranio, (b) el impacto de la explotación de uranio en el medio ambiente, (c) el efecto de la explotación minera en la salud de los navajos y (d) el efecto de la explotación minera en los navajos y en sus comunidades y su medio ambiente. En grupo, escriban un ensayo en donde analicen los costos y los beneficios de usar la extracción por disolución para extraer la mena de uranio.

Minas abandonadas de uranio (MAU) en la nación navajo

¡Camarero, hay un MINERAL en mi sopa!

Si bien los minerales forman parte de la corteza terrestre, no se quedan simplemente allí hasta que alguien los recoge. Los minerales de la corteza terrestre están formados por elementos que los seres vivos necesitan, como el calcio. Con el tiempo, los minerales que contienen elementos se disuelven en el agua. Los elementos pasan a formar parte de nuestros alimentos porque las verduras los absorben del suelo. Cuando comemos las verduras, también ingerimos los elementos.

El calcio es uno de los elementos más importantes para tu organismo porque ayuda a fortalecer los huesos y los dientes. Se puede encontrar en los productos lácteos como la leche, el yogur y el queso, y en el brócoli y el salmón enlatado.

El hierro ayuda a transportar el oxígeno desde los pulmones hacia el resto del cuerpo y ayuda a la formación de glóbulos rojos. La carne vacuna, el atún, los huevos y el pan integral son grandes fuentes de hierro.

El potasio ayuda al buen funcionamiento de los músculos y el sistema nervioso. La banana, el tomate, la naranja, la papa con cáscara y el cacahuate son ricos en potasio.

El cinc ayuda a fortalecer el sistema inmunológico. Y un sistema inmunológico sano ayuda a combatir las enfermedades y las infecciones. El cinc se puede encontrar en la carne de cerdo y de cordero, en las legumbres y en las lentejas.

Diséñalo Diseña un plan de alimentación del día (desayuno, almuerzo, cena). Incluye en tu plan la mayor cantidad posible de alimentos ricos en elementos esenciales.

¿SE ESTÁ AGRANDANDO ESTA GRIETA EN LA TIERRA?

PREGUNTA PRINCIPAL

¿Cómo afecta a la corteza terrestre el movimiento de las placas?

Tal vez creas que la corteza terrestre es una única pieza sólida y enorme. Pero, en realidad, la superficie terrestre está dividida en varias partes, como una cáscara de huevo agrietada. Una de las grietas pasa por el medio de este lago en Islandia.

Infiere ¿Por qué crees que esta grieta en la corteza terrestre podría ensancharse?

_____

_____

_____

_____

_____

_____

> UNTAMED SCIENCE Mira el video de *Untamed Science* para aprender más sobre la corteza terrestre.

Tectónica de placas

Para comenzar

Verifica tu comprensión

1. Preparación Lee el párrafo siguiente y luego responde la pregunta.

María viajó en tren desde Oregon hasta Georgia. El tren cruzó todo el **continente** de América del Norte. Pasó por las Montañas Rocosas, que marcan el **borde** o límite entre el Este y el Oeste de los Estados Unidos. El maquinista dijo: "Estas montañas son parte de la **corteza terrestre**".

Un **continente** es una gran masa de tierra.

Un **borde** o límite es el punto o la línea donde termina una región y empieza otra.

La **corteza terrestre** es la capa externa de la Tierra.

• ¿Qué es la corteza terrestre?

_____

_____

> MY READING WEB Si tuviste dificultades para responder la pregunta anterior, visita *My Reading Web* y escribe *Plate Tectonics.*

Destreza de vocabulario

Usar prefijos Un prefijo es una parte de una palabra que se agrega al principio de una raíz o palabra base para cambiar su significado. Conocer el significado de los prefijos te ayudará a deducir el significado de palabras nuevas.

Prefijo	Significado	Ejemplo
super-	muy grande; en grado sumo	supercontinente: *(s.)* masa de tierra única, muy grande, que empezó a dividirse hace 200 millones de años y que dio origen a los continentes actuales
sub-	bajo, debajo de, abajo	subducción: *(s.)* proceso por el cual parte de la corteza terrestre se hunde hacia abajo

2. Verificación rápida Elige la palabra de la tabla que mejor completa la oración siguiente.

• La corteza oceánica se hunde debajo de la corteza continental durante

_____ .

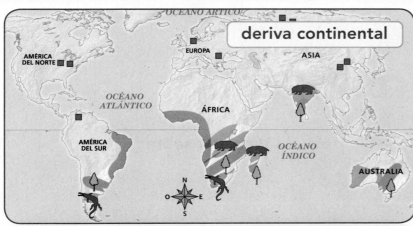

deriva continental

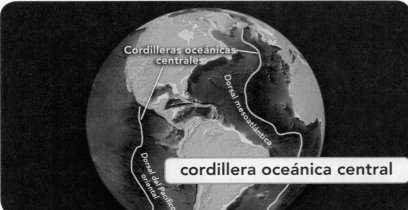

cordillera oceánica central

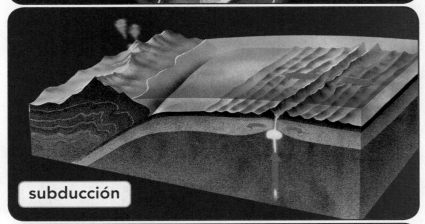

subducción

tectónica de placas

Vistazo al capítulo

LECCIÓN 1

- deriva continental
- Pangea
- fósil
- ↻ **Pregunta**
- △ **Infiere**

LECCIÓN 2

- cordillera oceánica central
- despliegue del suelo oceánico
- fosa oceánica profunda
- subducción
- ↻ **Relaciona el texto y los elementos visuales**
- △ **Desarrolla hipótesis**

LECCIÓN 3

- placa
- borde divergente
- borde convergente
- borde de transformación
- tectónica de placas
- falla
- valle de fisura
- ↻ **Relaciona causa y efecto**
- △ **Calcula**

> VOCAB FLASH CARDS Para obtener más ayuda con el vocabulario, visita *Vocab Flash Cards* y escribe *Plate Tectonics.*

La deriva continental

¿Cuál era la hipótesis de Wegener sobre los continentes?

mi DiaRio Del planeta

Una pieza del rompecabezas

Por mucho tiempo, los científicos han notado que los continentes de la Tierra parecen encajar unos con otros como las piezas de un rompecabezas. Esta idea fue propuesta por Alfred Wegener en 1910. "¿No parece que la costa este de América del Sur encaja perfectamente con la costa oeste de África, como si alguna vez hubieran estado unidas?", preguntó Wegener. "Es una idea que tendré que investigar".

VOCES DE LA HISTORIA

Comunica ideas Comenta con un compañero la teoría de Wegener. Luego, responde las preguntas.

1. ¿Por qué pensaba Wegener que los continentes podrían haber estado unidos en el pasado?

_____

_____

_____

2. Si fueras Wegener, ¿qué otra evidencia buscarías para demostrar que los continentes estuvieron unidos en el pasado?

_____

_____

> PLANET DIARY Consulta *Planet Diary* para aprender más en inglés sobre los continentes.

 Zona de laboratorio Haz la Indagación preliminar *¿Cómo están unidos los continentes de la Tierra?*

¿Cuál era la hipótesis de Wegener sobre los continentes?

¿Alguna vez observaste un mapamundi y notaste que la costa de África podría encajar con la costa de América del Sur? ¡Durante muchos años los científicos hicieron la misma observación! En 1910, un científico alemán llamado Alfred Wegener (VEG ner) quiso saber por qué parece que algunos continentes encajan con otros.

Vocabulario

- deriva continental
- Pangea
- fósil

Destrezas

- Lectura: Pregunta
- Indagación: Infiere

Según Wegener, los continentes de la Tierra se habían movido. **La hipótesis de Wegener decía que, en el pasado, todos los continentes formaban una única masa de tierra que luego empezó a dividirse.** La idea de Wegener de que los continentes se desplazaron lentamente por la superficie de la Tierra se conoció como **deriva continental.**

Según Wegener, hace unos 300 millones de años, los continentes estaban unidos en un supercontinente, o una única masa de tierra. Wegener denominó **Pangea** a ese supercontinente.

Decenas de millones de años atrás, Pangea comenzó a separarse en distintas partes. Los trozos de Pangea se desplazaron lentamente hasta llegar a sus ubicaciones actuales, que se muestran en la **ilustración 1.** Luego, esos trozos se convirtieron en los continentes que conocemos en la actualidad. En 1915, Wegener publicó la evidencia para su teoría de la deriva continental en un libro llamado *El origen de los continentes y los océanos.*

La evidencia de los accidentes geográficos

Los accidentes geográficos de los continentes le sirvieron a Wegener como evidencia para desarrollar su hipótesis. La **ilustración 2** de la página siguiente muestra parte de esta evidencia. Por ejemplo, Wegener unió mapas de África y de América del Sur. Notó que las cordilleras de esos continentes estaban alineadas. Y notó que también estaban alineados los yacimientos de carbón de Europa y de América del Norte.

Pangea viene del griego y significa "todas las tierras". ¿Por qué es un nombre adecuado para un supercontinente?

_____

_____

_____

_____

ILUSTRACIÓN 1 ·············

Unir todas las piezas

Las costas de algunos continentes parecen encajar como las piezas de un rompecabezas.

✎ **Consulta el mapa para responder las preguntas.**

1. **Interpreta mapas** Une con una flecha el número de la costa con la letra de la costa que podría encajar con ella.

   ❶   ⓐ
   ❷   ⓑ
   ❸   ⓒ
   ❹   ⓓ

2. ▲ **Infiere** ¿Cómo cambiaría el clima de un continente si el continente se acercara al ecuador?

_____

_____

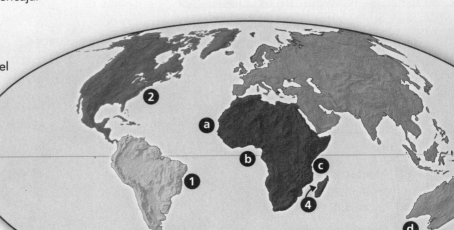

> INTERACTIVE ART Pangea y la deriva continental

Hay distintos tipos de evidencia que sugieren que las masas de tierra de nuestro planeta estaban unidas en el pasado.

▲Infiere En el mapa de Pangea, dibuja dónde se habrían encontrado los tipos de evidencia que se muestran en el mapa de abajo. Usa distintos símbolos o colores para marcar cada tipo de evidencia y escribe la clave. Luego, rotula los continentes.

La evidencia de los fósiles

Wegener también usó fósiles para apoyar su hipótesis de la deriva continental. Un **fósil** es un vestigio de algún organismo antiguo que quedó conservado en la roca. Por ejemplo, el *Glossopteris* era una planta parecida al helecho que vivió hace 250 millones de años. Se han encontrado fósiles de *Glossopteris* en África, América del Sur, Australia, la India y la Antártida, como muestra la **ilustración 2.** La presencia de *Glossopteris* en masas de tierra que en la actualidad están separadas por océanos indica que Pangea existió alguna vez.

Otros ejemplos son los fósiles de los reptiles de agua dulce *Mesosaurus* y *Lystrosaurus*. Estos fósiles también fueron encontrados en lugares que hoy en día están separados por océanos. Ninguno de estos reptiles habría sido capaz de nadar grandes distancias en agua salada. Wegener infirió que estos reptiles vivieron en una masa de tierra única que luego empezó a dividirse.

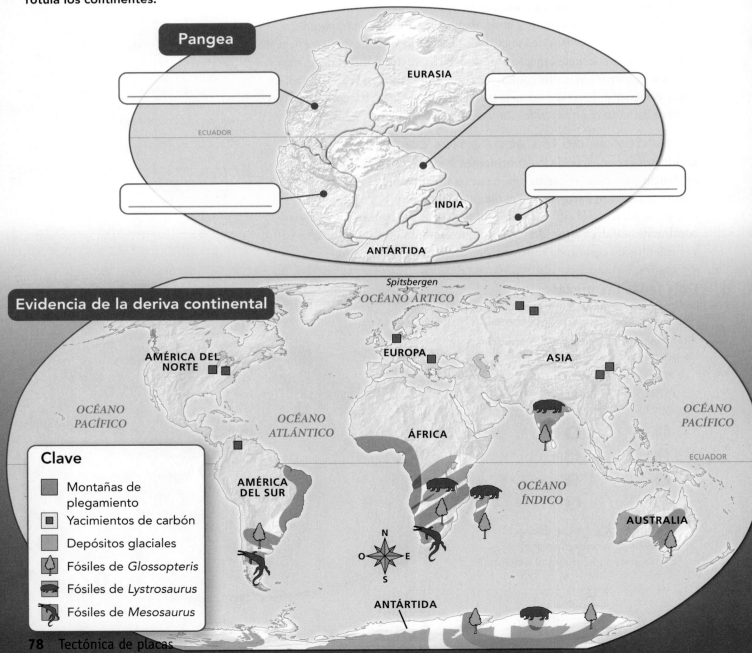

La evidencia del clima Wegener usó evidencia del cambio climático para apoyar su hipótesis. Cuando un continente se desplaza hacia el ecuador, el clima de ese continente se vuelve más cálido. Cuando un continente se desplaza hacia los polos, el clima de ese continente se vuelve más frío. En ambos casos, el continente transporta los fósiles y las rocas que se formaron en todas sus ubicaciones anteriores.

Por ejemplo, hay fósiles de plantas tropicales en Spitsbergen, una isla ubicada en el océano Ártico. Hace unos 300 millones de años, cuando estas plantas vivían, la isla debe haber tenido un clima cálido y templado. Wegener dijo que el clima se modificó porque la isla cambió de lugar.

La hipótesis de Wegener fue rechazada Wegener intentó explicar cómo sucedió la deriva continental. Sugirió que los continentes se desplazaron sobre el suelo oceánico. Pero Wegener no pudo explicar satisfactoriamente de dónde provino la fuerza que empujó o atrajo los continentes. Debido a que Wegener no pudo identificar la causa de la deriva continental, la mayoría de los geólogos de su época rechazaron su idea.

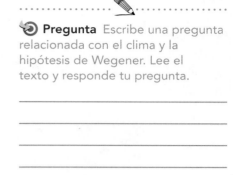

Pregunta Escribe una pregunta relacionada con el clima y la hipótesis de Wegener. Lee el texto y responde tu pregunta.

_____
_____
_____
_____
_____
_____
_____

¡aplícalo!

En Sudáfrica se hallaron rasguños profundos en algunas rocas. Esos rasguños son causados únicamente por glaciares que se desplazan a través de los continentes. Sin embargo, en la actualidad, el clima de Sudáfrica es demasiado templado para que se formen glaciares.

1 Infiere En el pasado, el clima de Sudáfrica era más (frío/cálido) que en la actualidad.

2 DESAFÍO ¿Qué puedes inferir sobre la antigua ubicación de Sudáfrica?

_____
_____

Zona de laboratorio Haz la Actividad rápida de laboratorio *Desplazar los continentes.*

🔑 Evalúa tu comprensión

1a. Repasa Basándose en la evidencia de los accidentes geográficos, los fósiles y el clima, Wegener llegó a la conclusión de que los continentes se (hunden/elevan/desplazan).

b. Predice Wegener dijo que, debido a que los continentes se desplazan, pueden chocar unos con otros. ¿Cómo se podría explicar la formación de montañas a partir del choque de continentes?

_____
_____
_____

¿comprendiste?

○ **¡Comprendí!** Ahora sé que la hipótesis de Wegener sobre los continentes afirmaba que _____

_____
_____
_____

○ Necesito más ayuda con _____

Consulta MY SCIENCE 🅢 COACH *en línea para obtener ayuda en inglés sobre este tema.*

Despliegue del suelo oceánico

DESCUBRE LA PREGUNTA PRINCIPAL

🔑 **¿Qué son las cordilleras oceánicas centrales?**

🔑 **¿Qué es el despliegue del suelo oceánico?**

🔑 **¿Qué sucede en las fosas oceánicas profundas?**

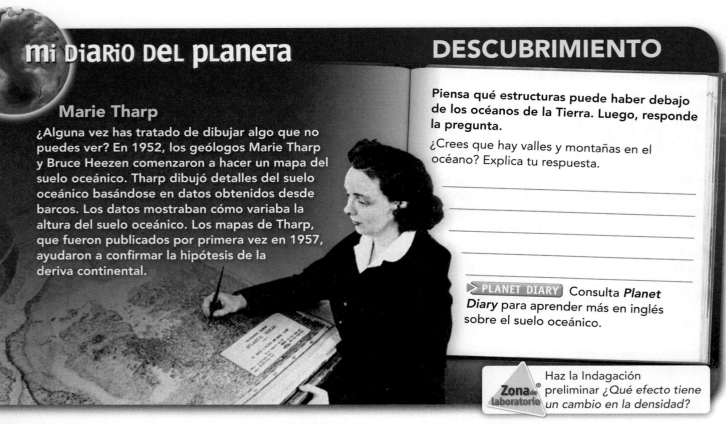

mi Diario Del planeta

Marie Tharp

¿Alguna vez has tratado de dibujar algo que no puedes ver? En 1952, los geólogos Marie Tharp y Bruce Heezen comenzaron a hacer un mapa del suelo oceánico. Tharp dibujó detalles del suelo oceánico basándose en datos obtenidos desde barcos. Los datos mostraban cómo variaba la altura del suelo oceánico. Los mapas de Tharp, que fueron publicados por primera vez en 1957, ayudaron a confirmar la hipótesis de la deriva continental.

DESCUBRIMIENTO

Piensa qué estructuras puede haber debajo de los océanos de la Tierra. Luego, responde la pregunta.

¿Crees que hay valles y montañas en el océano? Explica tu respuesta.

_____

_____

_____

_____

> **PLANET DIARY** Consulta *Planet Diary* para aprender más en inglés sobre el suelo oceánico.

Zona de laboratorio® Haz la Indagación preliminar *¿Qué efecto tiene un cambio en la densidad?*

¿Qué son las cordilleras oceánicas centrales?

Cuando científicos como Marie Tharp hicieron mapas que mostraban las características del suelo oceánico, se sorprendieron. En algunos lugares, el suelo del océano parecía unido por costuras, ¡como una pelota de béisbol! La **ilustración 1** muestra que las costuras formaban curvas a lo largo de grandes distancias del suelo oceánico.

Los científicos descubrieron que las costuras formaban cordilleras en la parte central del suelo de algunos océanos y las denominaron cordilleras oceánicas centrales. 🔑 **Las cordilleras oceánicas centrales forman cadenas extensas de montañas que se elevan desde el suelo oceánico.**

Vocabulario

- cordillera oceánica central
- despliegue del suelo oceánico
- fosa oceánica profunda • subducción

Destrezas

Lectura: Relaciona el texto y los elementos visuales

Indagación: Desarrolla hipótesis

A mediados del siglo XX, los científicos hicieron mapas de las cordilleras oceánicas centrales usando el *sónar*. El sónar es un aparato que emite ondas ultrasonoras para determinar la distancia a la que se encuentra un objeto. Los científicos descubrieron que hay cordilleras oceánicas centrales en todos los océanos de la Tierra. La mayoría de las cordilleras oceánicas centrales se encuentran a miles de metros de profundidad. Los científicos también descubrieron que las cimas de algunas cordilleras oceánicas centrales están divididas por un valle profundo. Estas cordilleras forman las cadenas montañosas más extensas del planeta. Son más largas que las Montañas Rocosas en América del Norte y que la cordillera de los Andes en América del Sur.

ILUSTRACIÓN 1 ·····················
Suelo oceánico

Las cordilleras oceánicas centrales se elevan desde el suelo oceánico como las puntadas de las costuras de una pelota de béisbol.

Cordilleras oceánicas centrales
Dorsal mesoatlántica
Dorsal del Pacífico oriental

✏️ **Interpreta diagramas Observa el diagrama siguiente. Luego, consulta la escala para responder cada pregunta. Asegúrate de calcular la distancia desde la parte *frontal* del diagrama.**

1. ¿A cuántos kilómetros bajo el nivel del mar se encuentra el pico de la cordillera?

_____

2. ¿Cuántos kilómetros se eleva la cordillera desde el fondo del océano?

_____

3. DESAFÍO ¿A cuántos kilómetros debajo del pico se encuentra el valle que marca el centro de la cordillera?

_____

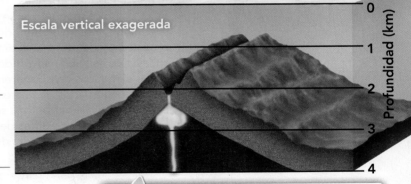
Escala vertical exagerada
Profundidad (km)
0
1
2
3
4

Zona de laboratorio ® Haz la Actividad rápida de laboratorio *Las cordilleras oceánicas centrales.*

🔑 Evalúa tu comprensión

¿comprendiste?···

○ **¡Comprendí!** Ahora sé que las cordilleras oceánicas centrales forman _____

_____

○ Necesito más ayuda con _____

Consulta my science ⓢ coach *en línea para obtener ayuda en inglés sobre este tema.*

¿Qué es el despliegue del suelo oceánico?

En la década de 1960, los geólogos descubrieron que las cordilleras oceánicas centrales añaden continuamente material nuevo al suelo oceánico. A este proceso lo denominaron **despliegue del suelo oceánico**.

El despliegue del suelo oceánico comienza en una cordillera oceánica central, que se forma a lo largo de una grieta en la corteza oceánica. A lo largo de la cordillera, nueva materia fundida sube desde el interior de la Tierra, hace erupción, se enfría y se endurece, y forma una banda sólida de roca. 🔑 **El despliegue del suelo oceánico añade más corteza al suelo oceánico. Al mismo tiempo, las bandas de roca más antiguas se alejan de ambos lados de la cordillera.**

La **ilustración 2** muestra la evidencia hallada por los geólogos que demuestra el despliegue del suelo oceánico.

Lava almohadillada en el suelo oceánico

La evidencia del material oceánico

En el valle central de las cordilleras oceánicas centrales, los científicos hallaron rocas con forma parecida a una almohada. Esas rocas se forman sólo cuando el material fundido se endurece rápidamente después de hacer erupción bajo el agua.

La evidencia de las bandas magnéticas

La roca del suelo oceánico se forma con material fundido. A medida que el material fundido hace erupción, se enfría y se endurece, los minerales con propiedades magnéticas que están dentro de la roca se alinean en dirección a los polos magnéticos de la Tierra. Estos minerales forman "bandas" magnéticas invisibles en el suelo oceánico. Pero los polos magnéticos se invierten algunas veces. Por lo tanto, cada banda define un período en el que el material fundido hizo erupción y se endureció mientras los polos magnéticos de la Tierra todavía no se habían invertido.

Los científicos descubrieron que el patrón de las bandas magnéticas de uno de los lados de una cordillera oceánica central, por lo general, es un espejo del patrón que se encuentra del otro lado de la cordillera. Estos patrones semejantes demuestran que la corteza a ambos lados de la cordillera se expandió desde la cordillera al mismo tiempo y con la misma rapidez.

Cordillera

Bandas magnéticas a ambos lados de la cordillera de Juan de Fuca

La evidencia de las muestras obtenidas en perforaciones

Los científicos perforaron el suelo oceánico para obtener muestras de roca. Descubrieron que cuanto más lejos de la cordillera tomaban la muestra, más antigua era la roca. Todas las rocas más jóvenes estaban en el centro de las cordilleras. Recordemos que en el centro de la cordillera, el material fundido hace erupción y se enfría, y forma corteza nueva. La edad de las rocas demostró que el despliegue del suelo oceánico realmente había sucedido.

Muestras de suelo oceánico tomadas en 2006

ILUSTRACIÓN 2 ···

> INTERACTIVE ART **El despliegue del suelo oceánico**

Algunas cordilleras oceánicas centrales tienen un valle que corre por el medio. La evidencia demuestra que el material fundido hace erupción a través del valle. Luego se endurece y forma la roca del suelo oceánico.

✎ **Colorea la mitad derecha del diagrama para mostrar las bandas magnéticas. ¿De qué manera tu ilustración muestra evidencia del despliegue del suelo oceánico?**

_____

_____

_____

Relaciona el texto y los elementos visuales

¿De qué manera el diagrama muestra que se forma corteza nueva a partir de material fundido?

_____

_____

_____

_____

_____

_____

Roca recientemente formada

Cordillera oceánica central

Corteza oceánica

Manto

Material fundido

¿sabías que...?·······················

Los científicos usaron el pequeño submarino *Alvin* para explorar el fondo del océano. ¿Sabías que *Alvin* se construyó para que pudiera soportar la gran presión que hay a 4 kilómetros de profundidad?

Alvin, alrededor de 1982

ALVIN

Zona de laboratorio Haz la Actividad rápida de laboratorio *Invertir los polos*.

🔑 **Evalúa tu comprensión**

1a. Repasa Durante el despliegue del suelo oceánico, se añade corteza nueva a una (cordillera oceánica central/banda magnética).

b. Aplica conceptos Imagínate que la polaridad magnética de la Tierra cambiara muchas veces en poco tiempo. ¿Qué patrón de bandas esperarías encontrar en una cordillera oceánica central?

_____

_____

¿comprendiste?

○ **¡Comprendí!** Ahora sé que el despliegue del suelo oceánico es el proceso mediante el cual _____

_____

○ **Necesito más ayuda con** _____

Consulta my science ⓢ coach *en línea para obtener ayuda en inglés sobre este tema.*

¿Qué sucede en las fosas oceánicas profundas?

¿El fondo del océano se ensancha todo el tiempo sin parar? No, llegado a cierto punto el suelo oceánico se hunde en profundos cañones submarinos. Esos cañones se denominan **fosas oceánicas profundas.** En una fosa oceánica profunda, la corteza oceánica se hunde. 🔑 **En un proceso que toma decenas de millones de años, parte del suelo oceánico se hunde nuevamente hacia el manto en las fosas oceánicas profundas.**

El proceso de subducción Cuando pones una toalla dentro del agua, la toalla se empapa y su densidad aumenta. La mayor densidad hace que la toalla se hunda.

Los cambios en la densidad afectan el suelo oceánico de la misma manera. Recuerda que la corteza oceánica nueva está caliente. Pero a medida que se aleja de la cordillera oceánica central, se enfría. Al enfriarse, se hace más densa. Al moverse, llega un momento en que la corteza fría y densa puede chocar contra el borde de un continente. La gravedad atrae la corteza oceánica más vieja y más densa hacia abajo, debajo de la fosa y de vuelta al manto, como muestra la **ilustración 3.**

El proceso mediante el cual el suelo oceánico se hunde debajo de una fosa oceánica profunda y vuelve al manto se denomina **subducción.** Durante la subducción, la corteza que está más cerca de una cordillera oceánica central se aleja de la cordillera y se desplaza hacia una fosa oceánica profunda. El despliegue del suelo oceánico y la subducción por lo general actúan de manera conjunta. Mueven el suelo oceánico como si estuviera en una cinta transportadora gigante.

ILUSTRACIÓN 3 ························

Subducción

La corteza oceánica formada a lo largo de una cordillera oceánica central se destruye en una fosa oceánica profunda. Durante el proceso de subducción, la corteza oceánica se hunde debajo de la fosa oceánica y llega hasta el manto.

✎ **Resume** Rotula el manto, la cordillera oceánica central y la fosa oceánica profunda. En las ubicaciones A y B, encierra en un círculo la opción correcta para cada enunciado.

Ubicación A
La corteza es más (nueva/antigua).
La corteza está más (fría/caliente).
La corteza es (menos/más) densa.

Ubicación B
La corteza es más (nueva/antigua).
La corteza está más (fría/caliente).
La corteza es (menos/más) densa.

Magma

¡aplícalo!

La parte más profunda del océano está en la fosa de las Marianas. Esta fosa es una de las tantas fosas (marcadas en amarillo en el diagrama) del océano Pacífico. Después de leer el texto principal de esta lección, responde las preguntas que siguen.

1 Infiere En las fosas oceánicas profundas del océano Pacífico, se produce (despliegue/subducción) de la corteza oceánica.

2 Desarrolla hipótesis El océano Pacífico se está achicando. Explica este hecho en función de la subducción que se produce en las fosas oceánicas profundas y el despliegue que ocurre en las cordilleras oceánicas centrales.

_____
_____
_____
_____
_____
_____

AMÉRICA DEL NORTE

Fosa de las Marianas

AMÉRICA DEL SUR

AUSTRALIA

Clave

— Fosa oceánica profunda

— Cordillera oceánica central

La subducción y los océanos de la Tierra

Los procesos de subducción y despliegue del suelo oceánico pueden modificar la forma y el tamaño de los océanos. Debido a estos procesos, el suelo oceánico se renueva aproximadamente cada 200 millones de años. Es el tiempo que tarda la roca nueva en formarse en la cordillera oceánica central, desplazarse a través del océano y hundirse en una fosa.

El tamaño de los océanos de la Tierra depende de la rapidez con que se forma la corteza nueva en las cordilleras oceánicas centrales y la rapidez con que la corteza antigua se hunde dentro de las fosas oceánicas profundas. Un océano que está rodeado de muchas fosas puede achicarse. Un océano con pocas fosas probablemente se agrande.

Por ejemplo, el océano Atlántico se está expandiendo. En este océano hay sólo algunas fosas cortas. Como resultado, el suelo oceánico no tiene hacia dónde desplegarse. A lo largo de los márgenes continentales, la corteza del océano Atlántico está unida a la corteza de los continentes que están alrededor del océano. Entonces, a medida que el suelo del océano Atlántico se despliega, los continentes que están en los bordes del océano también se desplazan. Con el tiempo, todo el océano se ensancha.

 Zona de laboratorio Haz la Investigación de laboratorio _Hacer un modelo del despliegue del suelo oceánico._

Evalúa tu comprensión

2a. Repasa El proceso de subducción se produce en las (cordilleras oceánicas centrales/fosas oceánicas profundas).

b. Relaciona causa y efecto ¿Por qué se produce la subducción?

_____
_____
_____
_____

¿comprendiste? ....

○ **¡Comprendí!** Ahora sé que en las fosas oceánicas profundas _____

○ Necesito más ayuda con _____

Consulta **my science COACH** _en línea para obtener ayuda en inglés sobre este tema._

La teoría de la tectónica de placas

DESCUBRE LA PREGUNTA PRINCIPAL

?

🔑 **¿Qué es la teoría de la tectónica de placas?**

mi DiaRio DeL pLaneTa

Cada vez más lejos

Dentro de 30 millones de años, este avión podría tardar una hora más que hoy en volar de Nueva York a Londres. Lo que pasa es que esas dos ciudades se están separando poco a poco, a medida que se separan las partes de la corteza terrestre que las transportan.

¡ESTE VIAJE PARECE CADA VEZ MÁS LARGO!

Nueva York

Londres

Océano Atlántico

Despliegue del suelo oceánico

DATO CURIOSO

Recuerda cuál es la capital del estado en que vives. **Luego, responde la pregunta siguiente.**

¿La capital del estado en que vives estará más lejos de Londres dentro de 30 millones de años? Explica tu respuesta.

_____

_____

_____

_____

> PLANET DIARY Consulta **Planet Diary** para aprender más en inglés sobre la corteza terrestre.

Zona de laboratorio ® Haz la Indagación preliminar _Interacciones entre las placas._

¿Qué es la teoría de la tectónica de placas?

¿Alguna vez se te ha caído un huevo duro? La cáscara se quiebra y se divide en pedazos desiguales. La litósfera, que es la capa sólida externa de la Tierra, es como la cáscara del huevo. Está dividida en partes separadas por grietas. Esas partes se denominan **placas.** La **ilustración 1** muestra las placas más grandes de la Tierra.

Vocabulario

- placa • borde divergente • borde convergente
- borde de transformación • tectónica de placas • falla
- valle de fisura

Destrezas

- ↻ Lectura: Relaciona causa y efecto
- △ Indagación: Calcula

Las placas de la Tierra limitan en los bordes. En cada borde, las placas se mueven de tres maneras posibles. Algunas placas se alejan, o divergen, unas de otras en los **bordes divergentes.** Otras placas se juntan, o convergen, en los **bordes convergentes.** Y otras placas se deslizan y se pasan la una a la otra en los **bordes de transformación.**

A mediados de la década de 1960, los geólogos reunieron los conocimientos que tenían sobre el despliegue del suelo oceánico, las placas de la Tierra y los movimientos de las placas en una única teoría que denominaron **tectónica de placas.** **La teoría de la tectónica de placas establece que las placas de la Tierra se mueven de manera lenta y constante, impulsadas por las corrientes de convección del manto.** La tectónica de placas explica la formación, el movimiento y la subducción de las placas de la Tierra.

La convección del manto y el movimiento de las placas

¿Qué fuerza es lo suficientemente poderosa como para mover los continentes? Las placas de la Tierra se mueven porque están sobre las grandes corrientes de convección del manto terrestre. Durante el proceso de subducción, la gravedad atrae los bordes más densos de una placa hacia el manto. El resto de la placa también se mueve. El movimiento de la placa es como el movimiento del líquido cuando calientas sopa en una cacerola.

ILUSTRACIÓN 1 ·····················
> REAL-WORLD INQUIRY

Las placas de la Tierra

Los bordes de las placas dividen la litósfera en grandes placas.

✎ **Interpreta mapas** Dibuja flechas en todos los bordes de la placa del Pacífico para mostrar en qué dirección se mueven las placas. (*Pista:* Primero, observa la clave del mapa).

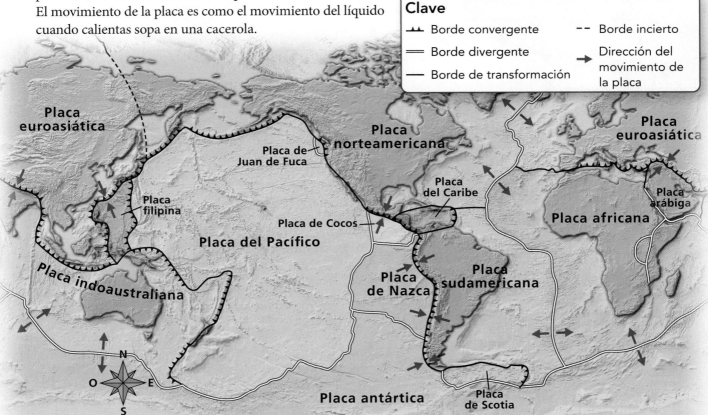

Clave
- ⊥⊥ Borde convergente
- ═ Borde divergente
- ─ Borde de transformación
- ‑‑ Borde incierto
- → Dirección del movimiento de la placa

Placa euroasiática
Placa norteamericana
Placa de Juan de Fuca
Placa euroasiática
Placa del Caribe
Placa arábiga
Placa filipina
Placa de Cocos
Placa africana
Placa del Pacífico
Placa de Nazca
Placa sudamericana
Placa indoaustraliana
N
O E
S
Placa antártica
Placa de Scotia

Relaciona causa y efecto
¿Qué provocó que cambiara la ubicación de los continentes de la Tierra con el paso del tiempo?

_____

El movimiento de las placas a lo largo del tiempo

Los científicos usan satélites para medir con precisión el movimiento de las placas. Las placas se mueven muy despacio, entre 1 y 12 centímetros por año, aproximadamente. Las placas norteamericana y euroasiática se separan a una velocidad de 2.5 centímetros por año. Es casi la misma velocidad con que te crecen las uñas. Pero como las placas se mueven desde hace decenas y hasta cientos de millones de años, ya han recorrido grandes distancias.

Con el paso del tiempo, el movimiento de las placas de la Tierra ha cambiado mucho la ubicación de los continentes y la forma y el tamaño de los océanos. Cuando las placas se mueven, cambian la superficie de la Tierra y producen terremotos, volcanes, cordilleras y fosas oceánicas profundas. Los geólogos tienen evidencia de que, antes de que existiera Pangea, se formaron y se dividieron otros supercontinentes en los últimos mil millones de años. Pangea se formó cuando las masas de tierra del planeta se movieron hasta juntarse, entre 350 y 250 millones de años atrás. Luego, hace unos 200 millones de años, Pangea empezó a dividirse, como muestra la **ilustración 2.**

ILUSTRACIÓN 2 ·······································

▶ INTERACTIVE ART Movimiento de las placas

Desde que Pangea se dividió, los continentes se movieron durante unos 200 millones de años hasta llegar a su ubicación actual.

✎ **Consulta los mapas para responder las preguntas.**

1. **Interpreta mapas** Menciona tres ejemplos de continentes que se hayan alejado uno del otro.

_____

_____

_____

_____

2. **DESAFÍO** ¿Qué dos masas de tierra que no estaban unidas en Pangea han chocado y están unidas en la actualidad?

_____

Pangea

Ecuador

Hace 200 millones de años

América del Norte

Asia

Europa

Ecuador

África

América del Sur

India

Australia

Antártida

Hace 115 millones de años

América del Norte

Europa

Asia

África

India

Ecuador

América del Sur

Australia

Antártida

La Tierra en la actualidad

Los bordes de las placas

Recuerda que las placas de la Tierra limitan en los bordes. Las **fallas**, que son fisuras en la corteza terrestre donde las rocas pasan unas junto a otras, se forman a lo largo de estos bordes. Las corrientes de convección del manto terrestre provocan el movimiento de las placas. Cuando las placas se mueven, a veces chocan, se separan o pasan unas junto a otras. Estos movimientos producen grandes cambios en la superficie de la Tierra y en el suelo oceánico. Algunos de estos cambios producen volcanes, cordilleras y fosas oceánicas profundas.

Bordes divergentes ¿Es posible que una fisura en la corteza terrestre sea tan ancha que se pueda caminar sobre ella? ¡En Islandia es posible! Allí, dos placas se están separando lentamente. La **ilustración 3** muestra una parte de la fisura que se formó cuando las dos placas se separaron con el paso del tiempo.

Recuerda que las placas se alejan unas de otras en los bordes divergentes. La mayoría de los bordes divergentes se encuentran alrededor de las cordilleras oceánicas centrales, donde se añade corteza nueva durante el despliegue del suelo oceánico. Pero en unos pocos lugares, la cordillera oceánica central se eleva sobre el nivel del mar. La actividad volcánica de la dorsal mesoatlántica también se puede ver en Islandia.

Cuando las partes de la corteza terrestre divergen en tierra firme, se forma un valle profundo denominado **valle de fisura.** Muchos valles de fisura forman el sistema de fisuras de África Oriental. Allí, la corteza se está separando lentamente en un área extensa.

ILUSTRACIÓN 3 ·····················
No es nada fácil separarse
En Islandia, dos placas se separaron y formaron una gran fisura que marcó un borde divergente.

✎ **Interpreta diagramas** Dibuja flechas en el diagrama para mostrar en qué dirección se mueven las placas en un borde divergente. Luego, describe cómo se mueven las placas.

_____

_____

_____

¡Usa las matemáticas!

Las placas se mueven muy despacio, con una rapidez de entre 1 y 12 cm por año aproximadamente. Para calcular la rapidez del movimiento, los geólogos usan la siguiente fórmula.

$$\text{Rapidez} = \frac{\text{Distancia}}{\text{Tiempo}}$$

Calcula La placa del Pacífico se está deslizando junto a la placa norteamericana. En 10 millones de años, habrá avanzado 500 km. ¿Con qué rapidez se mueve la placa del Pacífico? Expresa tu respuesta en centímetros por año.

ILUSTRACIÓN 4 ··················
Los Andes
La cordillera de los Andes se formó en un borde convergente.

✎ **Interpreta diagramas** Dibuja flechas en el diagrama para mostrar en qué dirección se mueven las placas cuando convergen. Luego, describe cómo se mueven las placas.

_____

_____

_____

Bordes convergentes
La cordillera de los Andes se extiende 8,900 kilómetros a lo largo de la costa occidental de América del Sur. Allí, chocaron dos placas. Recuerda que el borde donde dos placas se juntan, o chocan, se llama borde convergente.

¿Qué pasa cuando chocan dos placas? La densidad de cada placa determinará qué placa se deslizará sobre la otra. La corteza oceánica se enfría y se vuelve más densa a medida que se aleja de la cordillera oceánica central. Cuando dos placas que llevan corteza oceánica se tocan en una fosa, la placa más densa se hunde debajo de la menos densa.

Una placa que lleva corteza oceánica también puede chocar con una placa que lleva corteza continental. La corteza oceánica es más densa que la corteza continental, por lo tanto, la corteza oceánica puede empujar hacia arriba la corteza continental. Este proceso provocó la formación de la cordillera de los Andes, como muestra la **ilustración 4.** Al mismo tiempo, la corteza oceánica más densa también se hunde por el proceso de subducción. Finalmente, el agua de la corteza que se hundió sube a través de la cuña en el manto que se encuentra sobre ella. Esta agua hace que baje el punto de fusión del manto en la parte de la cuña. Como resultado, parte del manto se derrite, sube en forma de magma y forma volcanes.

Dos placas que llevan corteza continental también pueden chocar. En ese caso, ninguno de los trozos de corteza es lo suficientemente denso como para hundirse mucho en el manto. En cambio, el choque hace que la corteza se pliegue, y se forman cordilleras altas.

EXPLORA LA PREGUNTA PRINCIPAL ?

El cambio de la corteza terrestre

¿Cómo afecta a la corteza terrestre el movimiento de las placas?

ILUSTRACIÓN 6 ··················
▶ ART IN MOTION Cuando las placas se mueven, forman montañas, volcanes y valles, así como cordilleras oceánicas centrales y fosas oceánicas profundas.

✎ **Identifica** Completa los recuadros con los términos correctos de la lista de la página que sigue. (*Pista*: En algunos recuadros, debes usar más de un término).

Materia fundida

Materia fundida

Bordes de transformación Recuerda que un borde de transformación es un lugar donde dos placas se deslizan horizontalmente en sentido opuesto y pasan una junto a la otra. Debajo de la superficie de un borde de transformación, los lados de las placas son rocosos y puntiagudos, por eso las placas pueden engancharse una con otra y quedar "fijas" en el lugar. Con el tiempo, las fuerzas que vienen del interior de la corteza pueden hacer que las placas se desprendan. Por lo general, se produce un terremoto cuando las placas se deslizan repentinamente a lo largo del borde que forman. Sin embargo, en los bordes de transformación no se destruye ni se crea corteza. La falla de San Andrés, que muestra la **ilustración 5,** es un ejemplo de un borde de transformación.

ILUSTRACIÓN 5 ·······························
La línea de la falla
La falla de San Andrés, en California, marca un borde de transformación.

✎ **Interpreta diagramas Dibuja flechas en el diagrama para mostrar en qué dirección se mueven las placas en un borde de transformación. Luego, describe cómo se mueven las placas.**

_____

_____

_____

Valle de fisura	Montañas	Convección
Volcanes	Subducción	Corteza oceánica
Despliegue del suelo oceánico	Cordillera oceánica central	Borde convergente
Borde de transformación	Corteza continental	Fosa oceánica profunda
Borde divergente		

Zona de laboratorio Haz la Actividad rápida de laboratorio *Las corrientes de convección del manto.*

🔑 **Evalúa tu comprensión**

1a. Repasa El movimiento de placas forma bordes convergentes, divergentes o _____.

b. RESPONDE LA PREGUNTA PRINCIPAL **Resume** ¿Cómo afecta a la corteza terrestre el movimiento de las placas?

_____
_____
_____
_____
_____
_____
_____
_____

¿comprendiste?·······························

○ **¡Comprendí!** Ahora sé que los tres tipos de bordes de placas son _____

_____

○ Necesito más ayuda con _____

Consulta MY SCIENCE Ⓢ COACH *en línea para obtener ayuda en inglés sobre este tema.*

3 Guía de estudio

REPASA LA PREGUNTA PRINCIPAL

La corteza nueva se forma en _____. La corteza se hunde por el proceso de

subducción y se destruye en _____. Las montañas se forman donde

las placas _____.

LECCIÓN 1 **La deriva continental**

🔑 La hipótesis de Wegener decía que, en el pasado, todos los continentes formaban una única masa de tierra que luego empezó a dividirse.

Vocabulario
• deriva continental
• Pangea
• fósil

LECCIÓN 2 **Despliegue del suelo oceánico**

🔑 Las cordilleras oceánicas centrales forman cadenas extensas de montañas que se elevan desde el suelo oceánico.

🔑 El despliegue del suelo oceánico añade más corteza al suelo oceánico. Al mismo tiempo, las bandas de roca más antiguas se alejan de ambos lados de la cordillera.

🔑 En un proceso que toma decenas de millones de años, parte del suelo oceánico se hunde nuevamente hacia el manto en las fosas oceánicas profundas.

Vocabulario
• cordillera oceánica central   • despliegue del suelo oceánico
• fosa oceánica profunda   • subducción

LECCIÓN 3 **La teoría de la tectónica de placas**

🔑 La teoría de la tectónica de placas establece que las placas de la Tierra se mueven de manera lenta y constante, impulsadas por las corrientes de convección del manto.

Vocabulario
• placa   • borde divergente
• borde convergente
• borde de transformación
• tectónica de placas   • falla
• valle de fisura

Repaso y evaluación

LECCIÓN 1
La deriva continental

1. ¿Según Wegener, qué pasa durante la deriva continental?

a. Los continentes se mueven.

b. Los continentes se congelan.

c. El manto se calienta.

d. La convección se detiene.

2. Wegener pensaba que, antiguamente, todos los continentes estaban unidos en un supercontinente que él llamó _____.

3. Dibuja En la ilustración, encierra en un círculo las partes de la costa de América del Norte y África que estaban unidas en Pangea.

América del Norte

África

4. Expresa opiniones Wegener propuso la idea de que las montañas se forman cuando los continentes chocan y se pliegan sus bordes. ¿Esta idea de Wegener coincide con su hipótesis de la deriva continental? Explica tu respuesta.

_____

_____

_____

5. Escríbelo Michelle es una científica que trabaja en la Antártida y descubre que allí se han encontrado fósiles de *Glossopteris*. Su colega, Joe, que trabaja en la India, también ha encontrado fósiles de *Glossopteris*. Escribe una carta de Michelle a su colega en la que expliques por qué estos fósiles pueden haberse encontrado en ambos lugares. En tu respuesta, define *deriva continental* y comenta por qué la *deriva continental* explica los descubrimientos de los fósiles.

LECCIÓN 2
Despliegue del suelo oceánico

6. ¿En qué partes del suelo oceánico se produce el proceso de subducción?

a. los valles de fisura

b. el manto inferior

c. las cordilleras oceánicas centrales

d. las fosas oceánicas profundas

7. Una cordillera oceánica central es _____

_____ que se eleva desde el suelo oceánico.

8. Compara y contrasta Observa el diagrama. Rotula el área donde se forma corteza nueva.

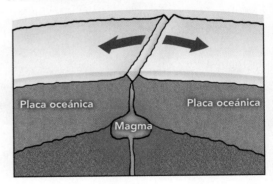
Placa oceánica   Placa oceánica
Magma

9. Aplica conceptos ¿Por qué las partes más antiguas del suelo oceánico no tienen más de 200 millones de años aproximadamente?

_____

_____

_____

10. Sigue la secuencia Ubica los siguientes pasos del despliegue del suelo oceánico en la secuencia correcta.

A. El material fundido se enfría y se endurece, y forma una banda de roca a lo largo del suelo oceánico.

B. La banda de roca se aleja de la cordillera.

C. La materia fundida del interior de la Tierra sube al suelo oceánico en una cordillera oceánica central.

_____

11. Escríbelo ¿Por qué la lava almohadillada es una evidencia del despliegue del suelo oceánico?

3 Repaso y evaluación

LECCIÓN 3 **La teoría de la tectónica de placas**

12. ¿En qué borde las placas se alejan una de la otra?

    a. convergente   **b.** de transformación

    c. divergente   **d.** manto-corteza

13. Cuando hay un borde divergente en tierra firme, se forma _____.

Consulta el diagrama para responder las preguntas 14 y 15.

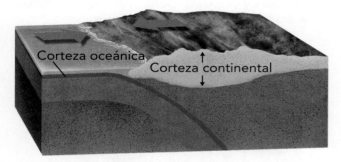

Corteza oceánica
Corteza continental

14. Clasifica ¿Qué tipo de borde de placas muestra el diagrama?

_____

15. Predice ¿Qué tipo de accidentes geográficos se formarán como resultado del movimiento de placas que muestra el diagrama?

_____

16. Compara y contrasta ¿En qué se diferencian la densidad de la corteza oceánica y la densidad de la corteza continental? ¿Por qué es importante esa diferencia?

_____
_____
_____
_____

17. ¡matemáticas! Si una placa tarda 100,000 años en moverse unos 2 kilómetros, ¿cuál es su rapidez en centímetros por año?

_____

¿Cómo afecta a la corteza terrestre el movimiento de las placas?

18. Resume Imagínate que algún día las masas de tierra del planeta se vuelven a unir. Describe los cambios que ocurrirían en los océanos y las masas de tierra del planeta. Usa el mapa y la teoría de la tectónica de placas para explicar tus ideas.

_____
_____
_____
_____
_____
_____
_____
_____
_____
_____
_____
_____
_____
_____
_____
_____

Preparación para exámenes estandarizados

Selección múltiple

Encierra en un círculo la letra de la mejor respuesta.

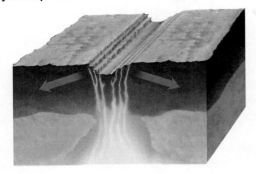

1. El diagrama muestra un proceso que ocurre en la corteza terrestre.

   ¿Cuál de estos enunciados describe mejor el proceso del diagrama?

   A   Las placas convergentes forman montañas.

   B   Las placas convergentes forman volcanes.

   C   Las placas divergentes forman montañas.

   D   Las placas divergentes forman un valle de fisura.

2. ¿Cuál de estas evidencias hizo que Wegener pensara que los continentes se habían movido?

   A   Encontró un viejo mapamundi en el que se observaba movimiento.

   B   Encontró fósiles similares en continentes que están separados por océanos.

   C   Demostró su hipótesis con un experimento que medía el movimiento.

   D   Observó con sus propios ojos el movimiento de los continentes.

3. ¿Cuál de estos enunciados es una evidencia del despliegue del suelo oceánicc·?

   A   Los patrones de bandas magnéticas coinciden en la corteza del suelo oceánico.

   B   La roca nueva se encuentra más lejos de las cordilleras oceánicas centrales que la roca más antigua.

   C   Se encuentran trozos de cortezas distintas en continentes diferentes.

   D   Hay cambios climáticos en el continente africano.

4. ¿Qué pasa con la corteza oceánica nueva en una cordillera oceánica central?

   A   Forma montañas nuevas debajo del agua.

   B   Sube por el manto y forma una fosa.

   C   Se calienta y se hunde en una fosa.

   D   Es tan densa que la gravedad la atrae hasta una fosa oceánica profunda.

5. ¿Qué fuerza hace que se muevan las placas de la Tierra?

   A   las corrientes de convección

   B   la presión

   C   las ondas sonoras

   D   el enfriamiento

Respuesta elaborada

Usa el mapa que sigue y tus conocimientos de ciencias para responder la pregunta 6. Escribe tu respuesta en una hoja aparte.

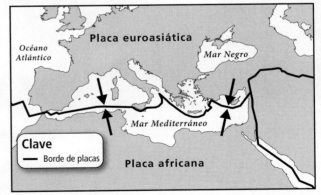

6. La placa africana se mueve hacia la placa euroasiática algunos centímetros por año. ¿Cómo cambiará esta área al cabo de 100 millones de años? En tu respuesta, considera cómo cambiarán los continentes y el mar Mediterráneo.

ALVIN:2.0
RECONSTRUCCIÓN TOTAL

Durante años, *Alvin*, el submarino de investigación más antiguo del mundo, ha trabajado mucho. *Alvin* lleva a los científicos a las profundidades del océano. Este submarino de investigación ha hecho más de 4,400 viajes, y en algunos ha llegado hasta 4,500 metros bajo la superficie del agua. Con la ayuda de *Alvin*, los científicos han descubierto muchas cosas, desde gusanos de tubo hasta los restos del *Titanic*. Pero con *Alvin* los científicos pueden explorar sólo el 63 por ciento del océano. El resto del océano está a una profundidad mayor de 4,500 metros, donde *Alvin* no puede llegar.

Conoce a *Alvin* 2.0, el reemplazo de *Alvin*. Es más grande, más rápido y tiene más ventanas y mejores sensores. Puede descender hasta 6,500 metros y cargar muestras más pesadas. Y lo que es mejor, con *Alvin* 2.0 los científicos pueden explorar casi todo el océano, ¡ya que sólo el 1 por ciento del océano se encuentra a más de 6,500 metros de profundidad!

Como tendrán un acceso mejor y más completo al océano, los científicos están entusiasmados por todas las cosas nuevas y curiosas que descubrirán con *Alvin* 2.0.

▼ Con ustedes... ¡el nuevo *Alvin*!

Diséñalo Investiga más sobre las características de *Alvin* 2.0. Piensa qué característica nueva le agregarías a *Alvin* 2.0. ¿Para qué serviría la característica que elegiste? Dibuja o describe el diseño de esa parte y explica cómo funcionaría en el modelo nuevo.

Museum of Science®

Nace un OCÉANO

▲ Las placas tectónicas se están separando en esta área calurosa y seca de la región de Afar, en Etiopía.

En uno de los lugares más calurosos y secos del mundo, la corteza terrestre se está resquebrajando.

En la región de Afar, en Etiopía, las placas tectónicas de la Tierra se están separando. Allí, la corteza terrestre es tan delgada que el magma ha logrado atravesar la superficie. Cuando las placas se separaron un poco más, la corteza se hundió ¡y formó un valle de 59 kilómetros de largo!

En la actualidad, los volcanes, los terremotos y los yacimientos de aguas termales indican qué tan gruesa es la corteza y cómo se alejan las placas. Con el tiempo, este valle podría hundirse lo suficiente como para permitir que el agua salada del Mar Rojo, que está cerca, llegue hasta allí y forme un océano. Este océano podría dividir África. Aunque tendrían que pasar millones de años para que se formara un océano allí, los científicos están ansiosos por ver los pasos que llevarán a su nacimiento.

¡Investígalo! Investiga sobre un cambio importante en la superficie terrestre causado por el movimiento de placas. Trata de hallar al menos dos versiones del suceso. Crea una línea cronológica o una secuencia gráfica en la que muestres cuándo y cómo sucedió ese cambio.

▲ La lava fluye a través de una grieta en el lago de lava de la cima del Erta Ale, que es el pico más alto de la región de Afar. En este entorno tan caliente y peligroso, los científicos tienen que usar trajes de protección.

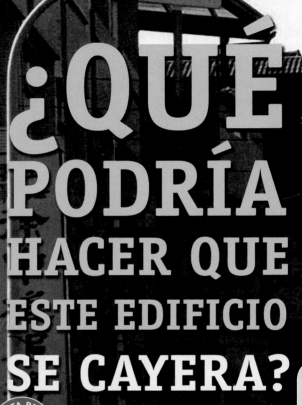

¿QUÉ PODRÍA HACER QUE ESTE EDIFICIO SE CAYERA?

¿Por qué los terremotos son más frecuentes en algunos lugares que en otros?

Los terremotos se producen en cualquier momento. El suelo puede colapsar y los edificios se pueden caer, como ocurrió con este edificio de Taiwán en 1999. Si bien estos desastres parecen darse de manera azarosa, la estructura de la Tierra sugiere otra conclusión.

Predice ¿Crees que los geólogos pueden predecir dónde y cuándo ocurrirá un terremoto? Explica tu respuesta.

_____

_____

_____

_____

_____

_____

> **UNTAMED SCIENCE** Mira el video de _Untamed Science_ para aprender más sobre los terremotos.

Terremotos

4 Para comenzar

Verifica tu comprensión

1. Preparación Lee el párrafo siguiente y luego responde la pregunta.

> Los padres de Ann no podían mover la enorme roca de su jardín. La **fuerza** que hacían para empujarla no movía la roca. —Rompámosla —dijo la mamá de Ann—. Los pedazos más pequeños tendrán menos **masa** y **volumen.** Entonces, podremos mover la roca quitando un pedazo por vez.

Una **fuerza** es el empuje o la atracción que se ejerce sobre un cuerpo.

La **masa** es la medida de cuánta materia hay en un cuerpo y de su resistencia al movimiento.

El **volumen** es la cantidad de espacio que ocupa la materia.

- ¿Qué características de la roca hacen que sea difícil moverla?

> **MY READING WEB** Si tuviste dificultades para responder la pregunta anterior, visita *My Reading Web* y escribe *Earthquakes.*

Destreza de vocabulario

Identificar significados múltiples Algunas palabras conocidas tienen más de un significado. Las palabras que usas a diario pueden tener un significado diferente en el campo de la ciencia. Observa los diferentes significados de las palabras siguientes.

Palabra	Significado común	Significado científico
falla	(s.) defecto material Ejemplo: Este pantalón me costó más barato porque tiene una falla en uno de los bolsillos.	(s.) fisura en la corteza terrestre a lo largo de la cual se desplazan las rocas Ejemplo: Una falla atravesaba el acantilado.
foco	(s.) lámpara eléctrica de luz muy fuerte Ejemplo: El escenario estaba iluminado por potentes focos.	(s.) área donde la roca empieza a romperse debido a una gran fuerza y causa un terremoto Ejemplo: El foco del terremoto estaba a 70 kilómetros debajo de la superficie de la Tierra.

2. Verificación rápida Encierra en un círculo la oración en la que se usa el significado científico de la palabra *falla.*

- Devolví la cámara a la tienda porque tenía una **falla** en la lente.
- La **falla** de San Andrés se extiende a lo largo de la costa de California.

meseta

falla transcurrente

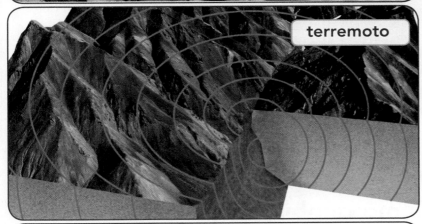

terremoto

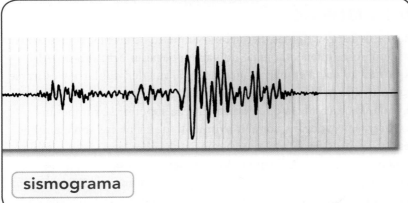

sismograma

Vistazo al capítulo

LECCIÓN 1

- presión
- tensión
- compresión
- cizallamiento
- falla normal
- falla inversa
- falla transcurrente
- meseta

🔄 **Relaciona causa y efecto**
△ **Haz modelos**

LECCIÓN 2

- terremoto
- foco
- epicentro
- onda P
- onda S
- onda superficial
- sismógrafo
- escala modificada de Mercalli
- magnitud
- escala de Richter
- escala de magnitud de momento

🔄 **Sigue la secuencia**
△ **Infiere**

LECCIÓN 3

- sismograma

🔄 **Identifica la idea principal**
△ **Predice**

> **VOCAB FLASH CARDS** Para obtener más ayuda con el vocabulario, visita *Vocab Flash Cards* y escribe *Earthquakes.*

Fuerzas en la corteza terrestre

DESCUBRE LA PREGUNTA PRINCIPAL ?

🔑 **¿Cómo cambia la corteza terrestre con la presión?**

🔑 **¿Cómo se forman las fallas?**

🔑 **¿Cómo crea nuevos accidentes geográficos el movimiento de las placas?**

mi DiaRio DeL planeta

CONCEPTO ERRÓNEO

¡Todavía crece!

El monte Everest en el Himalaya es la montaña más alta de la Tierra. Los escaladores que llegan a la cima están a 8,850 metros sobre el nivel del mar. Quizá creas que las montañas nunca cambian. Pero las fuerzas del interior de la Tierra empujan el monte Everest hacia arriba varios milímetros cada año. ¡Con el paso del tiempo, las fuerzas de la Tierra elevan, estiran, doblan y rompen lenta pero constantemente la corteza terrestre de manera espectacular!

✏️ **Comunica ideas** Comenta la pregunta siguiente con un compañero. Escribe tu respuesta en el espacio que sigue.

¿Cuánto tiempo crees que tardó en formarse el monte Everest? ¿Cientos de años? ¿Miles? ¿Millones? Explica tu respuesta.

_____

_____

_____

_____

▶ **PLANET DIARY** Consulta *Planet Diary* para aprender más en inglés sobre las fuerzas en la corteza terrestre.

Zona de laboratorio Haz la Indagación preliminar *¿Cómo afecta la presión a la corteza terrestre?*

¿Cómo cambia la corteza terrestre con la presión?

Las rocas son duras y rígidas. Pero el movimiento de las placas crea fuerzas poderosas que lentamente doblan o pliegan muchas rocas. Al igual que una golosina en barra, algunas rocas pueden doblarse y estirarse sólo cuando se les aplica primero una gran fuerza. Pero, más allá de cierto límite, todas las rocas de la quebradiza corteza superior se romperán.

Las fuerzas provocadas por el movimiento de las placas son ejemplos de presión. La **presión** es una fuerza que actúa sobre las rocas y cambia su forma o su volumen. A menudo, los geólogos expresan la presión como fuerza por unidad de área. Como la presión aumenta al aumentar la fuerza, la presión agrega energía a la roca. La energía se almacena en la roca hasta que ésta cambia de forma o se quiebra.

Vocabulario

- presión • tensión • compresión • cizallamiento
- falla normal • falla inversa • falla transcurrente • meseta

Destrezas

 Lectura: Relaciona causa y efecto

Indagación: Haz modelos

Existen tres tipos de presión que pueden producirse en la corteza: tensión, compresión y cizallamiento. 🔑 **La tensión, la compresión y el cizallamiento actúan durante millones de años y cambian la forma y el volumen de la roca.** La mayoría de los cambios en la corteza ocurren muy lentamente, de manera que no es posible observar directamente cómo se dobla, se estira o se quiebra la corteza. La **ilustración 1** muestra los tres tipos de presión.

Tensión
La roca de la corteza se puede estirar hasta quedar más delgada en el centro. Este proceso puede hacer que la roca parezca un pedazo de goma de mascar caliente. Se denomina **tensión** a la fuerza que estira la corteza y hace más delgada la roca en el centro. La tensión se produce cuando dos placas se separan.

Compresión
Una placa que empuja a otra puede oprimir la roca como una compactadora de basura gigante. Se denomina **compresión** a la fuerza que oprime una roca hasta que ésta se pliega o se rompe. La compresión se produce cuando dos placas se juntan.

Cizallamiento
El **cizallamiento** es la fuerza que empuja una masa de roca en sentidos opuestos. Puede hacer que la roca se rompa y se separe o cambie de forma. El cizallamiento se produce cuando dos placas se deslizan horizontalmente en sentido opuesto.

ILUSTRACIÓN 1 ·······························
> ART IN MOTION **Presión en la corteza terrestre**
La presión puede empujar, estirar u oprimir la roca de la corteza terrestre. ✏ **Aplica conceptos** Observa **las dos flechas en el segundo diagrama. Estas flechas muestran cómo afecta la tensión a la roca. Dibuja dos flechas en el tercer diagrama para mostrar cómo afecta la compresión a la roca. Luego, dibuja dos flechas en el último diagrama para mostrar cómo actúa el cizallamiento sobre la roca.**

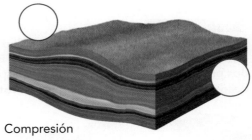

Antes de la presión

Tensión

Compresión

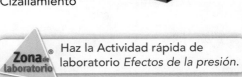

Cizallamiento

Zona de laboratorio Haz la Actividad rápida de laboratorio *Efectos de la presión.*

🔑 Evalúa tu comprensión

¿comprendiste? ··

○ **¡Comprendí!** Ahora sé que la presión cambia la corteza terrestre al cambiar _____

_____

○ Necesito más ayuda con _____

Consulta **my science** 💬 **coach** *en línea para obtener ayuda en inglés sobre este tema.*

¿Cómo se forman las fallas?

Recuerda que una falla es una fisura en la roca de la corteza terrestre en la cual las rocas se deslizan horizontalmente en sentido opuesto. La mayoría de las fallas se producen en los bordes de las placas, donde las fuerzas del movimiento de las placas empujan o estiran tanto la corteza que ésta se rompe. 🔑 **Cuando se acumula mucha presión en la roca, ésta se rompe y se produce una falla.** Existen tres tipos principales de fallas: las fallas normales, las fallas inversas y las fallas transcurrentes.

Fallas normales El río Bravo fluye a través de un ancho valle en Nuevo México. Allí, la tensión ha separado dos pedazos de la corteza terrestre y ha formado el valle. Las fallas normales se forman donde la roca se separa a causa de la tensión en la corteza. En una **falla normal,** la falla atraviesa la roca describiendo un ángulo, de manera que un bloque de roca queda por encima de la falla, mientras que el otro bloque queda por debajo de la falla. El bloque de roca que queda encima de la falla se denomina *labio superior.* El bloque que yace debajo de la falla se denomina *labio inferior.* El diagrama de la falla normal de la **ilustración 2** muestra cómo el labio superior está por encima del labio inferior. Cuando se produce un movimiento en una falla normal, el labio superior se desliza hacia abajo. Las fallas normales se producen donde dos placas divergen, o se separan.

ILUSTRACIÓN 2 ·······································

> **ART IN MOTION** Fallas

Los tres tipos principales de fallas se definen por la dirección en la que se desplaza la roca a lo largo de la falla. ✏ **Observa En las descripciones debajo de los dos primeros diagramas, completa los espacios en blanco para indicar cómo se desplaza la roca. En ambos diagramas, rotula el labio superior e inferior.**

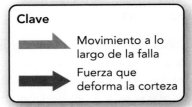

Clave

→ Movimiento a lo largo de la falla

→ Fuerza que deforma la corteza

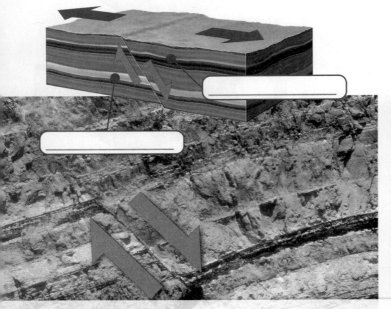

Falla normal

En una falla normal, el labio superior _____

_____ con respecto al labio inferior.

Falla inversa

En una falla inversa, el labio superior se desplaza hacia _____

con respecto al labio inferior.

Fallas inversas

Las Montañas Rocosas del norte se extienden al oeste de los Estados Unidos y Canadá. Estas montañas se elevaron de manera gradual con el paso del tiempo debido a los movimientos a lo largo de las fallas inversas. Una **falla inversa** tiene la misma estructura que una falla normal, pero los bloques se desplazan en la dirección opuesta. Es decir, el labio superior se desplaza hacia arriba y el labio inferior se desplaza hacia abajo. La **ilustración 2** muestra una falla inversa. Las fallas inversas se forman cuando la compresión oprime la roca de la corteza.

Fallas transcurrentes

Las llanuras onduladas del sur de California están divididas por la falla de San Andrés, que se ve en la **ilustración 2.** Aquí el cizallamiento ha producido una falla transcurrente. En una **falla transcurrente,** las rocas a ambos lados de la falla se deslizan horizontalmente en sentidos opuestos, con poco desplazamiento hacia arriba o abajo. Una falla transcurrente que forma el borde entre dos placas se denomina borde de transformación. La falla de San Andrés es un ejemplo de un borde de transformación.

Zona de laboratorio Haz la Actividad rápida de laboratorio *Modelos de fallas.*

¡aplícalo!

El ángulo inferior de una falla de empuje permite que la roca del labio superior se desplace grandes distancias. Por ejemplo, durante millones de años, la roca a lo largo de la falla de empuje de Lewis en el Parque Nacional de los Glaciares se ha desplazado 80 kilómetros.

❶ **Identifica** Según las flechas que muestran los movimientos de la falla en el diagrama, una falla de empuje es un tipo de (falla normal/falla inversa).

❷ **DESAFÍO** ¿Por qué el tipo de roca del labio superior de la falla de Lewis podría ser diferente del tipo de roca del labio inferior?

_____

_____

_____

_____

Falla transcurrente

Las rocas a ambos lados de una falla transcurrente se deslizan horizontalmente en sentido opuesto.

🔑 Evalúa tu comprensión

1a. Repasa Cuando se acumula mucha presión en la roca quebradiza, ésta se rompe y se forma

_____.

b. Infiere Un geólogo detecta una falla en la que los bloques de roca del labio inferior se han movido hacia arriba con respecto a los bloques de roca del labio superior. ¿Qué tipo de falla es?

¿comprendiste? ....

◯ **¡Comprendí!** Ahora sé que las fallas se forman cuando _____

_____

◯ Necesito más ayuda con _____

_____

Consulta my science **coach** *en línea para obtener ayuda en inglés sobre este tema.*

¿Cómo crea nuevos accidentes geográficos el movimiento de las placas?

La mayoría de los cambios en la corteza se producen tan lentamente que no pueden observarse de forma directa. Pero, ¿qué pasaría si pudieras acelerar el tiempo para que mil millones de años transcurrieran en unos minutos? Entonces podrías ver cómo el movimiento de las placas pliega, estira y eleva la corteza en grandes áreas. **En millones de años, las fuerzas del movimiento de las placas pueden transformar una llanura en accidentes geográficos como anticlinales y sinclinales, montañas de plegamiento, montañas de bloque de falla y mesetas.**

Pliegues de la corteza

¿Alguna vez has patinado sobre una alfombra que se arrugaba cuando te deslizabas sobre ella? A veces los movimientos de las placas hacen que la corteza se pliegue como la alfombra. En ese caso, las rocas que sufren la compresión se pueden doblar sin romperse.

Cómo se forman los pliegues Los pliegues son curvaturas en las rocas que se forman cuando la compresión acorta y hace más gruesa la corteza. Pueden tener unos centímetros o cientos de kilómetros de ancho. La **ilustración 3** muestra los pliegues que quedaron al descubierto cuando se abrió un camino en una ladera en California.

Coloca los dedos aquí y empuja el borde izquierdo de la página.

Vocabulario Identificar significados múltiples Subraya la oración en la que se usa la palabra *pliegues* con su significado científico.

- La superficie de la roca parecía tener tantas arrugas como mi nueva falda de pliegues.
- Cuando la roca se dobla sin romperse, puede formar pliegues.

ILUSTRACIÓN 3

Pliegues en la roca

Los pliegues en la roca acortan y hacen más gruesa la corteza terrestre. Con el tiempo, este proceso puede formar montañas.

Haz modelos Sujeta el borde derecho de esta página. Luego empuja el borde izquierdo hacia el centro del libro. ¿Esta actividad es un buen modelo para demostrar cómo se pliegan las rocas? Explica tu respuesta.

_____

_____

_____

_____

_____

_____

Cómo se forman los anticlinales y los sinclinales Los geólogos usan los términos *anticlinal* y *sinclinal* para describir los pliegues hacia arriba y hacia abajo en la roca. Un pliegue que se dobla hacia arriba en forma de arco es un anticlinal, como muestra la **ilustración 4.** Un pliegue que se dobla hacia abajo en forma de V es un sinclinal. Los anticlinales y los sinclinales se ven en muchos lugares donde las fuerzas de compresión han plegado la corteza. Los montes Apalaches centrales en Pensilvania son montañas de plegamiento formadas por anticlinales y sinclinales.

Cómo se forman las montañas de plegamiento La colisión de dos placas puede hacer que la corteza se comprima y se pliegue en un área grande. El plegamiento creó algunas de las cordilleras más grandes del mundo. El Himalaya en Asia y los Alpes en Europa se formaron cuando trozos de la corteza se plegaron durante la colisión de dos placas. Estas montañas tardaron millones de años en formarse.

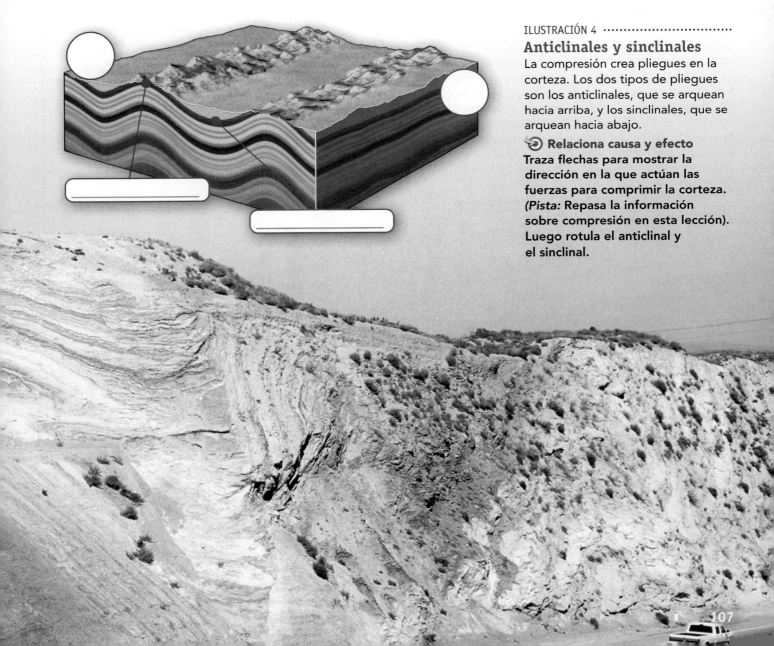

ILUSTRACIÓN 4 ·························
Anticlinales y sinclinales
La compresión crea pliegues en la corteza. Los dos tipos de pliegues son los anticlinales, que se arquean hacia arriba, y los sinclinales, que se arquean hacia abajo.

🔄 **Relaciona causa y efecto**
Traza flechas para mostrar la dirección en la que actúan las fuerzas para comprimir la corteza. *(Pista:* Repasa la información sobre compresión en esta lección). Luego rotula el anticlinal y el sinclinal.

Estiramiento de la corteza

Si viajaras en automóvil desde Salt Lake City hasta Los Ángeles, cruzarías la Gran Cuenca. Esta región tiene muchas montañas separadas por anchos valles, o cuencas. Estas montañas se forman a causa de la tensión en la corteza terrestre que provoca fallas, y se denominan montañas de bloque de falla.

¿Cómo se forman las montañas de bloque de falla? Donde dos placas se separan, las fuerzas de tensión crean muchas fallas normales. Imagínate que dos fallas normales hacen que a ambos lados de un bloque de roca desciendan valles. Este proceso se muestra en el diagrama que acompaña la fotografía de la **ilustración 5.** A medida que el labio superior de cada falla normal se desliza hacia abajo, el bloque del medio se eleva por encima de los valles que lo rodean y forma una montaña de bloque de falla.

✏️ **Relaciona causa y efecto**
¿Qué accidente geográfico se forma cuando dos fallas normales hacen que a ambos lados de un bloque de roca desciendan valles?

_____

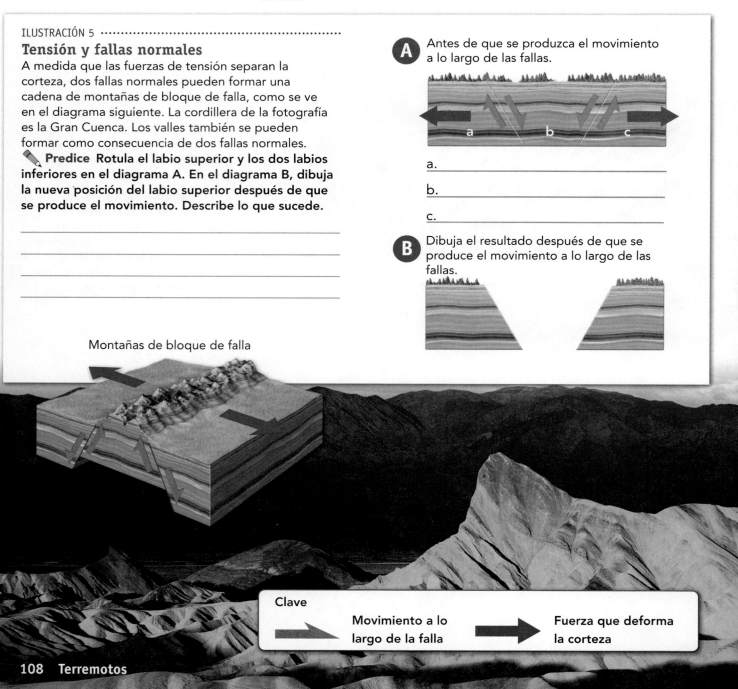

ILUSTRACIÓN 5 ··

Tensión y fallas normales

A medida que las fuerzas de tensión separan la corteza, dos fallas normales pueden formar una cadena de montañas de bloque de falla, como se ve en el diagrama siguiente. La cordillera de la fotografía es la Gran Cuenca. Los valles también se pueden formar como consecuencia de dos fallas normales.

✏️ **Predice** Rotula el labio superior y los dos labios inferiores en el diagrama A. En el diagrama B, dibuja la nueva posición del labio superior después de que se produce el movimiento. Describe lo que sucede.

_____
_____
_____
_____

Montañas de bloque de falla

A Antes de que se produzca el movimiento a lo largo de las fallas.

a. _____

b. _____

c. _____

B Dibuja el resultado después de que se produce el movimiento a lo largo de las fallas.

Clave

Movimiento a lo largo de la falla

Fuerza que deforma la corteza

Elevación de la corteza

Las fuerzas que elevan montañas también pueden levantar, o elevar, mesetas. Una **meseta** es un área extensa de terreno llano que se eleva a considerable altura sobre el nivel del mar. Algunas mesetas se forman cuando las fuerzas de la corteza terrestre empujan hacia arriba un gran bloque plano de roca. Como un sándwich con muchos ingredientes, una meseta consiste en muchas capas planas diferentes, y es más ancha que alta. Las fuerzas que deforman la corteza levantaron la meseta de Colorado en la región de las "Cuatro Esquinas" de Arizona, Utah, Colorado y Nuevo México. La **ilustración 6** muestra una parte de esa meseta al norte de Arizona.

ILUSTRACIÓN 6 ·····························

La meseta de Kaibab

La meseta de Kaibab forma el borde norte del Gran Cañón. La meseta es el accidente geográfico con la parte superior plana que se ve en la mitad derecha de la foto.

Observa esta secuencia de dibujos. Con tus propias palabras, describe lo que sucede en los últimos dos diagramas.

Un bloque plano de roca formado por varias capas yace en algún lugar de la corteza terrestre.

_____
_____
_____
_____

_____
_____
_____
_____

Zona de laboratorio Haz la Actividad rápida de laboratorio *Hacer un modelo de la presión*.

🔑 Evalúa tu comprensión

2a. Repasa Las fallas normales se producen con frecuencia cuando dos placas (se juntan/ se separan).

b. Interpreta diagramas Observa el diagrama que acompaña a la fotografía en la **ilustración 5**. ¿El bloque de roca en el centro se desplaza hacia arriba como resultado del movimiento a lo largo de las fallas normales? Explica tu respuesta.

_____
_____
_____
_____
_____

¿comprendiste?

○ **¡Comprendí!** Ahora sé que los movimientos de las placas forman nuevos accidentes geográficos cuando _____
_____
_____
_____

○ Necesito más ayuda con _____
_____

Consulta MY SCIENCE 🔊 COACH *en línea para obtener ayuda en inglés sobre este tema.*

Terremotos y ondas sísmicas

DESCUBRE LA PREGUNTA PRINCIPAL

- ¿Qué son las ondas sísmicas?

- ¿Cómo se miden los terremotos?

- ¿Cómo se localiza un epicentro?

mi Diario Del planeta

DESASTRE

Testigo de un desastre

El 12 de mayo de 2008, un gran terremoto sacudió China. La periodista estadounidense Melissa Block estaba realizando una entrevista en vivo por radio en ese país en el momento en que ocurrió el terremoto.

"¿Qué está pasando?", preguntó Block. Siguió en el aire y continuó: "Todo el edificio está temblando. TEMBLANDO".

Block observaba mientras el suelo se movía como olas bajo sus pies. El techo de la iglesia al otro lado de la calle comenzó a caerse. Durante unos minutos, el piso continuó vibrando bajo los pies de Block. Aquel día el terremoto mató a 87,000 personas.

—NPR.com

✏️ Comunica ideas Comenta estas preguntas en grupo. Luego, escribe tus respuestas en los espacios que siguen.

1. ¿Qué te dice la experiencia de Melissa Block acerca de la manera en que puede moverse el suelo durante un terremoto?

_____

_____

2. ¿Cómo crees que reaccionarías durante un terremoto u otro desastre?

_____

_____

> PLANET DIARY Consulta *Planet Diary* para aprender más en inglés sobre los terremotos.

Zona de laboratorio® Haz la Indagación preliminar *¿Cómo se propagan las ondas sísmicas a través de la Tierra?*

Vocabulario

- terremoto • foco • epicentro • onda P
- onda S • onda superficial • sismógrafo
- escala modificada de Mercalli • magnitud
- escala de Richter • escala de magnitud de momento

Destrezas

 Lectura: Sigue la secuencia

△ Indagación: Infiere

¿Qué son las ondas sísmicas?

La Tierra nunca está quieta. Todos los días, en todo el mundo, se detectan varios miles de terremotos. Un **terremoto** es el temblor que resulta del movimiento de la roca debajo de la superficie de la Tierra. La mayoría de los terremotos son demasiado pequeños para ser percibidos. Pero un gran terremoto puede abrir grietas en el suelo, mover montañas y causar mucho daño.

Causa de los terremotos Las fuerzas del movimiento de las placas causan terremotos. Los movimientos de las placas producen presión en la corteza terrestre. Esto agrega energía a la roca y forma fallas. La presión aumenta a lo largo de una falla hasta que la roca se desliza o se rompe y produce un terremoto. En segundos, el terremoto libera una gran cantidad de energía almacenada. Parte de la energía liberada durante un terremoto viaja en forma de ondas sísmicas. 🗝 **Las ondas sísmicas son vibraciones similares a las ondas sonoras que se desplazan por la Tierra llevando la energía liberada durante un terremoto.** La velocidad y la trayectoria de las ondas dependen en parte del material a través del cual se propagan.

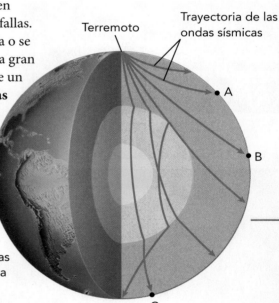

Terremoto

Trayectoria de las ondas sísmicas

• A

• B

C

¡aplícalo!

Los terremotos comienzan debajo de la superficie de la Tierra. Pero las ondas sísmicas del terremoto no llevan energía sólo hacia arriba, hacia la superficie, sino también hacia abajo, hacia el interior de la Tierra.

1 Observa el dibujo del interior de la Tierra. ¿En qué punto(s) se pueden detectar las ondas sísmicas?

○ sólo A
○ A y B
○ A, B y C

2 △ Infiere ¿En qué punto crees que las ondas sísmicas tendrán más energía? ¿Por qué?

_____

_____

_____

_____

✏️ ·····················

🔄 **Sigue la secuencia** Ordena los puntos siguientes según cómo se sentirían las ondas sísmicas:

__ En el epicentro de un terremoto

__ A una distancia de 500 km del foco del terremoto

__ En el foco del terremoto

Tipos de ondas sísmicas Al igual que cuando arrojas una piedrita a una laguna, las ondas sísmicas de un terremoto se propagan en todas direcciones desde el foco del terremoto. El **foco** es el área bajo la superficie terrestre en la que la roca empieza a romperse o a moverse debido a una gran presión. Esta acción provoca un terremoto. El punto de la superficie que está directamente sobre el foco se denomina **epicentro.**

La mayoría de los terremotos comienzan en la litósfera, a unos 100 kilómetros de la superficie de la Tierra. Las ondas sísmicas llevan energía desde el foco del terremoto. Esta energía atraviesa el interior y la superficie de la Tierra. Eso sucedió en 2002, cuando un fuerte terremoto rompió la falla de Denali en Alaska, como muestra la **ilustración 1.**

Hay tres categorías principales de ondas sísmicas: las ondas P, las ondas S y las ondas superficiales. Pero un terremoto envía sólo ondas P y S desde su foco. Las ondas superficiales pueden propagarse cuando las ondas P y S llegan a la superficie.

ILUSTRACIÓN 1 ·····················

▶ INTERACTIVE ART   **Ondas sísmicas**
El diagrama muestra cómo se propagaron las ondas sísmicas a lo largo de la falla de Denali durante un terremoto.

✏️ Explica **Empareja los dos puntos del diagrama con los dos términos de abajo. Luego escribe un breve artículo periodístico de carácter científico que describa cómo, por qué y dónde se produjo el terremoto. Incluye un titular.**

BL🌐G sobre la Tierra

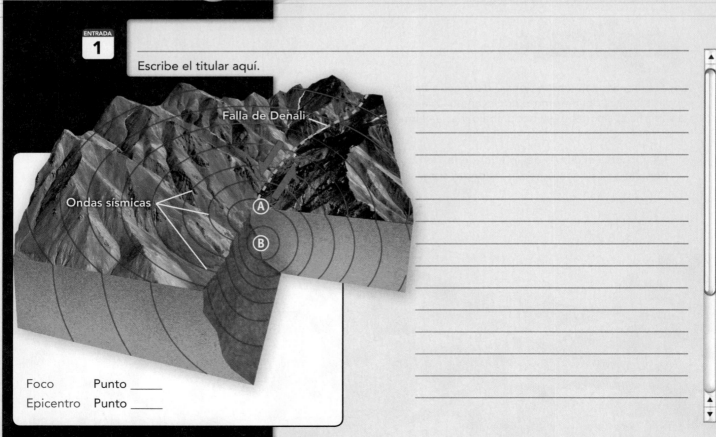

ENTRADA **1**

Escribe el titular aquí.

Falla de Denali

Ondas sísmicas

(A)

(B)

Foco   Punto _____

Epicentro Punto _____

Ondas P Las primeras ondas en llegar son las ondas primarias, u ondas P. Las **ondas P** son ondas sísmicas que comprimen y expanden el suelo como un acordeón. Al igual que los otros tipos de ondas sísmicas, las ondas P pueden dañar las construcciones. Observa la **ilustración 2A** para ver cómo se propagan las ondas P.

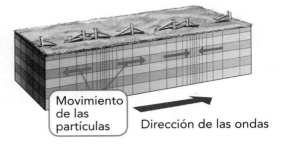

Movimiento de las partículas

Dirección de las ondas

Ondas S Después de las ondas P, llegan las ondas secundarias, u ondas S. Las **ondas S** son ondas sísmicas que vibran de lado a lado (como en la **ilustración 2B**) o hacia arriba y abajo. Las vibraciones están en un ángulo de 90° con respecto a la dirección en que se propagan. Cuando las ondas S llegan a la superficie, sacuden con violencia las estructuras. Las ondas P pueden atravesar sólidos y líquidos, mientras que las ondas S no atraviesan líquidos.

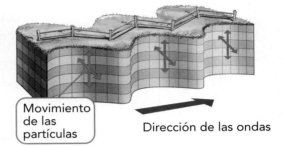

Movimiento de las partículas

Dirección de las ondas

Ondas superficiales Cuando las ondas P y S llegan a la superficie, algunas de ellas se convierten en ondas superficiales. Las **ondas superficiales** se mueven más lentamente que las ondas P y S, pero pueden causar fuertes movimientos en el suelo. Estas ondas producen un movimiento que es similar al de las olas en el agua, donde las partículas del agua se mueven en un patrón casi circular. Las ondas superficiales pueden hacer que el suelo ondule como las olas del mar (**ilustración 2C**) o pueden sacudir una construcción de lado a lado.

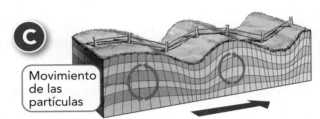

Movimiento de las partículas

Dirección de las ondas

ILUSTRACIÓN 2 ···

Ondas P, S y superficiales

Los terremotos liberan la energía almacenada en forma de ondas sísmicas.

✎ **Describe** Traza una línea desde cada tipo de onda sísmica hasta el movimiento que causa.

Ondas P	pueden hacer vibrar el suelo de lado a lado
Ondas S	pueden hacer que el suelo se ondule como las olas del mar
Ondas superficiales	comprimen y expanden el suelo

Zona de **laboratorio** Haz la Actividad rápida de laboratorio *Propiedades de las ondas sísmicas.*

🔑 Evalúa tu comprensión

1a. Repasa La energía liberada por un terremoto sale _____ del terremoto en forma de ondas sísmicas.

b. Predice A lo largo de una falla, hay terremotos leves varias veces al año. ¿Por qué se preocupan los geólogos si no hay terremotos en 25 años?

_____

_____

_____

¿comprendiste? ···

○ **¡Comprendí!** Ahora sé que las ondas sísmicas son _____

_____

○ **Necesito más ayuda con** _____

Consulta MY SCIENCE 🔵 COACH *en línea para obtener ayuda en inglés sobre este tema.*

¿Cómo se miden los terremotos?

Los geólogos monitorean los terremotos midiendo las ondas sísmicas que producen. Esto se hace de dos maneras. 🗝 **La intensidad del daño o del temblor que se siente a causa del terremoto se mide con la escala modificada de Mercalli. La magnitud, o el tamaño, de un terremoto se mide con un sismógrafo mediante la escala de Richter o la escala de magnitud de momento.** Un sismógrafo es un aparato con el que se registran y miden las ondas sísmicas de un terremoto.

Escala modificada de Mercalli

La **escala modificada de Mercalli** mide la intensidad del temblor producido por un terremoto. El temblor se mide por medio de las observaciones de las personas, sin el uso de ningún aparato. Esta escala es útil en las regiones donde no hay muchos aparatos para medir la fuerza de un terremoto. La tabla de la **ilustración 3** describe los 12 grados de la escala de Mercalli. Observa la fotografía en la **ilustración 3** para clasificar los ejemplos de daño.

Escala de Richter

La **magnitud** de un terremoto es un número que los geólogos asignan a un terremoto según su tamaño. Hay muchas escalas de magnitud. Estas escalas se basan en la primera escala de magnitud, denominada **escala de Richter.** Las escalas de magnitud como la escala de Richter miden la magnitud de pequeños terremotos según el tamaño de las ondas del terremoto que registran los sismógrafos. Las magnitudes tienen en cuenta que las ondas sísmicas se vuelven más pequeñas cuanto más lejos está un sismógrafo de un terremoto.

Grado	Descripción
I–III	Las personas notan vibraciones como las que se sienten cuando pasa un camión. Se mueven los objetos inestables.
IV–VI	Algunas ventanas se rompen. El revoque de las paredes puede caerse.
VII–IX	Daño moderado a grave. Las construcciones se salen de sus cimientos.
X–XII	Gran destrucción. Aparecen grietas en el suelo. Se observan ondas en la superficie.

ILUSTRACIÓN 3 ···

> INTERACTIVE ART Escala modificada de Mercalli

La escala modificada de Mercalli usa números romanos para medir el daño y el temblor en cualquier ubicación, por lo general cerca del terremoto. ✏ **Clasifica Asigna un grado de la escala modificada de Mercalli a cada foto.**

La escala de magnitud de momento

Los geólogos usan la **escala de magnitud de momento** para medir la energía total que libera un terremoto. En los informes periodísticos, suele mencionarse la escala de Richter, pero el número indicado es casi siempre una magnitud de momento del terremoto. Para asignar una magnitud a un terremoto, los geólogos usan los datos de sismógrafos y otras fuentes. Los datos permiten a los geólogos estimar cuánta energía libera el terremoto. La **ilustración 4** detalla las magnitudes de algunos terremotos fuertes que ocurrieron en los últimos años.

Comparar magnitudes La magnitud de momento de un terremoto indica a los geólogos cuánta energía liberó un terremoto. Cada incremento de un punto en la magnitud representa la liberación de aproximadamente 32 veces más energía. Por ejemplo, un terremoto de magnitud 6 libera 32 veces más energía que un terremoto de magnitud 5.

Los efectos de un terremoto aumentan con la magnitud. Los terremotos con una magnitud inferior a 5 son pequeños y causan poco daño. Aquéllos con una magnitud superior a 6 pueden causar grandes daños. Los terremotos más fuertes, con una magnitud de 8 o más, son poco frecuentes. En el siglo XX sólo tres terremotos tuvieron una magnitud de 9 o más. Más recientemente, el terremoto de Sumatra de 2004 tuvo una magnitud de 9.2.

ILUSTRACIÓN 4 ·······················

Magnitud de los terremotos

La tabla presenta las magnitudes de momento de algunos terremotos recientes.

Magnitud	Ubicación	Fecha
9.2	Sumatra (océano Índico)	diciembre de 2004
7.9	China	mayo de 2008
7.6	Turquía	agosto de 1999
6.6	Japón	octubre de 2004
5.4	California	julio de 2008

DESAFÍO Aproximadamente, ¿cuántas veces más fuerte fue el terremoto de Turquía que el terremoto de Japón?

¿sabías que...?·······················

Aproximadamente el 98 por ciento de la Antártida está cubierta de hielo. Allí, los grandes desplazamientos de hielo pueden causar "terremotos glaciares". ¿Sabías que estos "terremotos glaciares" pueden equivaler a terremotos de magnitud 7?

Zona de laboratorio Haz la Actividad rápida de laboratorio *Medir terremotos*.

Evalúa tu comprensión

2a. Identifica La escala de _____ _____ mide los terremotos en función de la cantidad de energía que se libera.

b. Infiere Imagínate que primero se calcula que la magnitud de momento de un terremoto es 6, pero luego se descubre que es 8. ¿Esperarías que el daño causado por el terremoto sea mayor o menor? ¿Por qué?

_____
_____
_____

¿comprendiste?·······················

○ **¡Comprendí!** Ahora sé que, para medir los terremotos, los geólogos usan las ondas sísmicas para determinar _____

_____

○ Necesito más ayuda con _____

Consulta MY SCIENCE COACH *en línea para obtener ayuda en inglés sobre este tema.*

¿Cómo se localiza un epicentro?

Cuando se produce un terremoto, los geólogos tratan de localizar el epicentro. ¿Por qué? Localizar el epicentro les permite identificar las áreas donde pueden ocurrir otros terremotos en el futuro. 🔑 **Los geólogos usan las ondas sísmicas para localizar el epicentro de un terremoto.** Para ello, usan datos de miles de estaciones sismográficas en todo el mundo. Sin embargo, puedes usar un método más simple para hallar el epicentro de un terremoto.

Recuerda que las ondas sísmicas viajan a velocidades distintas. Las ondas P llegan primero a un sismógrafo. Poco después llegan las ondas S. Observa la gráfica de ondas P y S que se muestra abajo. Imagínate que sabes cuándo llegaron las ondas P al sismógrafo después de un terremoto y cuándo llegaron las ondas S. Puedes leer la gráfica para hallar la distancia desde el sismógrafo hasta el epicentro. Observa que, cuanto más lejos esté un terremoto de un punto determinado, mayor será el tiempo entre la llegada de las ondas P y las ondas S.

Imagínate que conoces la distancia que hay desde tres estaciones sismográficas hasta un epicentro. Entonces puedes dibujar tres círculos para ubicar el epicentro. Observa la **ilustración 5.** El centro de cada círculo es la ubicación determinada de un sismógrafo. El radio de cada círculo es la distancia desde el sismógrafo hasta el epicentro. El punto donde se intersecan los tres círculos es la ubicación del epicentro.

¡Usa las matemáticas!

Velocidades de las ondas sísmicas

Los sismógrafos de cinco estaciones de observación registraron la hora de llegada de las ondas P y S producidas por un terremoto. Estos datos se usaron para dibujar la gráfica.

1 **Lee gráficas** ¿Qué variable muestra el eje de las x de la gráfica? ¿Qué variable muestra el eje de las y?

_____

2 **Estima** ¿Cuánto tiempo tardaron las ondas S en recorrer 2,000 km?

_____

3 **Estima** ¿Cuánto tiempo tardaron las ondas P en recorrer 2,000 km?

_____

4 **Calcula** ¿Cuál es la diferencia en la hora de llegada de las ondas P y las ondas S a 2,000 km? ¿Y a 4,000 km?

_____

_____

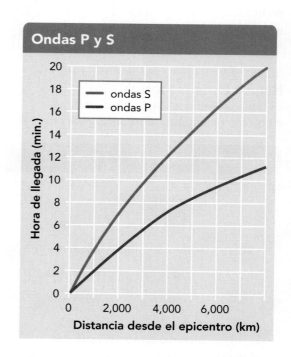

Ondas P y S

ondas S
ondas P

Hora de llegada (min.)

Distancia desde el epicentro (km)

ILUSTRACIÓN 5 ·······························

Cómo determinar el epicentro de un terremoto

El mapa muestra cómo hallar el epicentro de un terremoto a partir de los datos de tres estaciones sismográficas. ✎ **Interpreta mapas** Imagínate que una cuarta estación sismográfica está ubicada en San Diego. ¿Cuál fue la diferencia aproximada en la hora de llegada de las ondas P y S allí?

_____

Pista: Usa la escala del mapa para determinar a qué distancia está San Diego del epicentro. Luego, usa la gráfica de la página anterior para hallar tu respuesta.

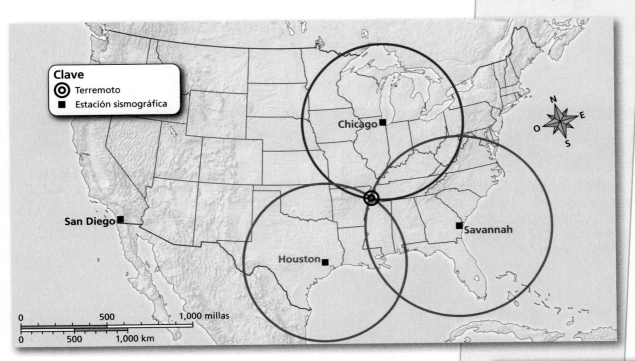

Clave
◎ Terremoto
■ Estación sismográfica

Chicago
San Diego
Houston
Savannah

0 · 500 · 1,000 millas
0 · 500 · 1,000 km

Zona de laboratorio Haz la Investigación de laboratorio *Cómo hallar el epicentro.*

🔑 Evalúa tu comprensión

3a. Repasa Los geólogos usan _____ para localizar el epicentro del terremoto.

b. Identifica ¿Qué pueden medir los geólogos para saber a qué distancia de un determinado sismógrafo está el epicentro de un terremoto?

_____
_____

c. Aplica conceptos Imagínate que se produce un terremoto en alguna parte de California. ¿Se podría usar un sismógrafo ubicado en Hawaii para localizar el epicentro del terremoto? ¿Por qué?

_____
_____
_____
_____

¿comprendiste? ·······························

○ **¡Comprendí!** Ahora sé que los geólogos pueden localizar el epicentro de un terremoto usando _____
_____

○ Necesito más ayuda con _____

Consulta mY science COACH en línea para obtener ayuda en inglés sobre este tema.

117

Monitoreo de los terremotos

DESCUBRE LA PREGUNTA PRINCIPAL

?

🔑 ¿Cómo funciona un sismógrafo?

🔑 ¿Qué patrones revelan los datos sismográficos?

mi DiaRio DeL planeta

Temblores por todas partes

¿El suelo debajo de tu escuela se mueve? Un proyecto que monitoreará los temblores debajo de toda la nación podría ayudarte a descubrirlo. En 2004, los científicos que integran el proyecto *USArray* colocaron 400 sismógrafos en todo el oeste de los Estados Unidos. Todos los meses, se desinstalan 18 sismógrafos y se los traslada hacia el este, pasando por encima de los demás sismógrafos. El mapa siguiente muestra la disposición de esta red de sismógrafos. ¡Los datos sísmicos que se obtienen ayudarán a los científicos a aprender más sobre nuestro activo planeta!

DATO CURIOSO

✏️ Comunica ideas **Comenta esta pregunta en grupo. Luego, escribe tu respuesta en el espacio que sigue.**

Cuando el proyecto *USArray* llegue a tu estado, ¿qué información podría brindar?

_____

_____

_____

_____

▶ **PLANET DIARY** Consulta *Planet Diary* para aprender más en inglés sobre el monitoreo de los terremotos.

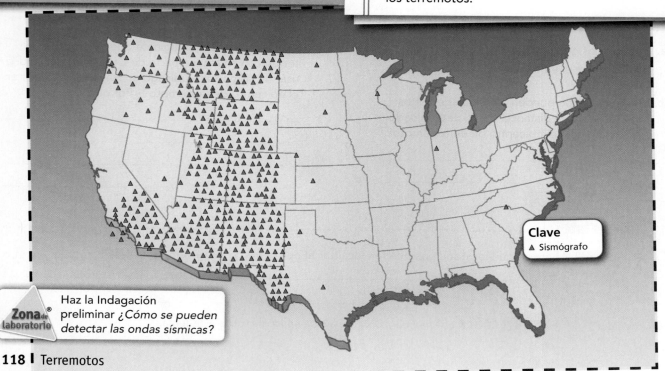

Clave
▲ Sismógrafo

Zona de laboratorio
Haz la Indagación preliminar *¿Cómo se pueden detectar las ondas sísmicas?*

Vocabulario
- sismograma

Destrezas
- Lectura: Identifica la idea principal
- Indagación: Predice

¿Cómo funciona un sismógrafo?

Hoy en día, los sismógrafos son aparatos electrónicos complejos. Algunas computadoras portátiles y las bolsas de aire de los automóviles contienen dispositivos similares que detectan los temblores. Pero un sismógrafo simple, como el de la **ilustración 1,** puede consistir en una pesa sujeta a un armazón por medio de un resorte o alambre. La punta de un bolígrafo conectado a la pesa se apoya en un tambor giratorio. A medida que el tambor gira, el bolígrafo dibuja una línea recta en el papel que está enrollado firmemente alrededor del tambor. **Las ondas sísmicas hacen que el tambor de un sismógrafo simple vibre y que, en consecuencia, el bolígrafo registre las vibraciones.** La pesa suspendida que sostiene el bolígrafo se mueve muy poco. Esto permite que el bolígrafo se mantenga en su lugar y registre las vibraciones del tambor.

Cómo medir las ondas sísmicas Cuando escribes una oración, el papel permanece en un solo lugar mientras la mano mueve el bolígrafo. Pero en un sismógrafo, es el bolígrafo el que se mantiene inmóvil mientras se mueve el papel. ¿A qué se debe esto? Todos los sismógrafos se basan en un principio básico de la física: ya sea que esté en movimiento o en reposo, todo objeto resiste un cambio en su movimiento. La pesa de un sismógrafo resiste el movimiento durante un terremoto, pero el resto del sismógrafo está apoyado en el suelo y vibra cuando llegan las ondas sísmicas.

ILUSTRACIÓN 1 ···

Registrar las ondas sísmicas
En un sismógrafo simple, un bolígrafo unido a una pesa suspendida registra las ondas sísmicas de un terremoto.

✏️ **Haz modelos** Para imitar la acción de un sismógrafo, sostén la punta de un lápiz sobre el extremo derecho del papel del sismógrafo de abajo. Pide a un compañero que tire del extremo derecho del libro para alejarlo del lápiz mientras también hace "vibrar" el libro de lado a lado.

Sismógrafo

- Alambre
- Pesa
- Bolígrafo
- Tambor giratorio
- Movimiento del suelo debido a las ondas sísmicas

ILUSTRACIÓN 2 ·······················

Sismogramas

Cuando las ondas sísmicas
llegan a un sismógrafo simple,
el tambor del sismógrafo vibra.
El bolígrafo del sismógrafo
registra las vibraciones y produce
un sismograma, como el del
diagrama de arriba.

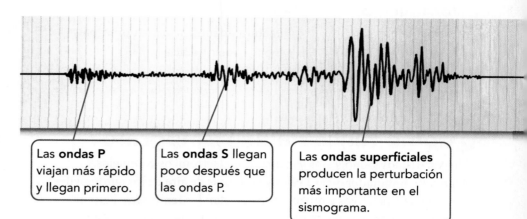

Las **ondas P** viajan más rápido y llegan primero.

Las **ondas S** llegan poco después que las ondas P.

Las **ondas superficiales** producen la perturbación más importante en el sismograma.

DESAFÍO Una réplica es un
terremoto más pequeño que se
produce después de un terremoto
más grande. Dibuja el sismograma
que podría producir un sismógrafo
durante un terremoto y su réplica.
Rotula el terremoto y la réplica.

Cómo leer un sismograma Probablemente hayas visto las
líneas zigzagueantes que se usan para representar un terremoto. El patrón
de líneas, denominado **sismograma,** es el registro producido por un
sismógrafo de las ondas sísmicas de un terremoto. Analiza el sismograma
de la **ilustración 2.** Observa cuándo llegan las ondas P, las ondas S y las
ondas superficiales. La altura de las líneas dibujadas por el sismógrafo
es mayor en el caso de un terremoto más grande o un terremoto que se
produce más cerca del sismógrafo.

Zona de laboratorio
Haz la Actividad rápida
de laboratorio *Diseña
un sismógrafo.*

📖 Evalúa tu comprensión

1a. Repasa La altura de las líneas de un sismograma
es (mayor/menor) en un terremoto más fuerte.

b. Interpreta diagramas ¿Qué representan las
secciones llanas y relativamente rectas del
sismograma en la parte superior de la
ilustración 2?

_____

_____

_____

¿comprendiste?

○ **¡Comprendí!** Ahora sé que un sismógrafo simple

funciona cuando _____

_____

_____

_____

○ Necesito más ayuda con _____

Consulta **MY SCIENCE** 🅢 **COACH** *en línea para
obtener ayuda en inglés sobre este tema.*

¿Qué patrones revelan los datos sismográficos?

Los geólogos usan sismógrafos para monitorear los terremotos. Hay otros aparatos que detectan los movimientos leves a lo largo de las fallas. Pero incluso con los datos de distintos aparatos, los geólogos aún no pueden predecir cuándo y dónde puede producirse un terremoto. 🔑 **A partir de los datos sismográficos de terremotos anteriores, los geólogos han creado mapas que muestran dónde se producen los terremotos en todo el mundo. Los mapas indican que los terremotos suelen producirse a lo largo de los bordes de las placas.** Recuerda que, donde se unen las placas, el movimiento de las placas almacena energía en la roca que forma la corteza. Finalmente, esta energía se libera durante un terremoto.

Riesgo de terremotos en América del Norte
El riesgo de que haya un terremoto varía según cuán cerca está un lugar del borde de una placa. En los Estados Unidos, se unen dos placas a lo largo de la costa del Pacífico en California, el estado de Washington y Alaska, y esto provoca muchas fallas. A menudo, hay terremotos en California, donde la placa del Pacífico y la placa norteamericana se juntan a lo largo de la falla de San Andrés. En Washington, los terremotos resultan de la subducción de la placa de Juan de Fuca debajo de la placa norteamericana. Recuerda que, durante la subducción, una placa se hunde debajo de otra.

> ✏️
> 🔎 **Identifica la idea principal**
> Subraya la oración del segundo párrafo que describe el factor principal que determina el riesgo de que se produzca un terremoto en un determinado lugar.

¡aplícalo!

El mapa muestra las áreas donde es probable que ocurran terremotos graves, según los lugares de los Estados Unidos donde se produjeron terremotos en el pasado.

❶ Interpreta mapas El mapa indica que es más probable que los terremotos más graves ocurran (en la costa este/en la sección central/en la costa oeste) de los Estados Unidos.

❷ ⚠ Predice Según la evidencia que muestra el mapa, predice dónde crees que se encuentran los bordes de las placas. Explica tu razonamiento.

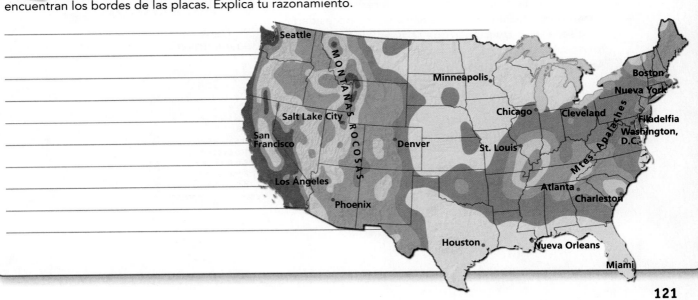

Clave

Menor riesgo — Mayor riesgo

Riesgo de terremotos en todo el mundo Muchos de los terremotos en el mundo se producen en una extensa área de actividad geológica denominada Cinturón de Fuego. En esta área, los bordes de una placa forman un cinturón alrededor del océano Pacífico. Los volcanes y los terremotos son comunes a lo largo de estos bordes. El Cinturón de Fuego incluye la costa oeste de América Central y la costa oeste de América del Sur. Se han producido fuertes terremotos en los países que se encuentran a lo largo de estas costas, donde convergen las placas. En todo el océano Pacífico, la placa del Pacífico choca contra varias otras placas. Allí, Japón, Indonesia, Nueva Zelanda y Nueva Guinea son muy activos sísmicamente.

India, China y Paquistán también han sufrido grandes terremotos. En esta parte del mundo, la placa indoaustraliana choca contra la placa euroasiática. Los terremotos también son comunes donde la placa euroasiática se junta con la placa arábiga y la placa africana.

Terremotos y tectónica de placas

¿Por qué los terremotos son más frecuentes en algunos lugares que en otros?

ILUSTRACIÓN 3 ···

> **REAL-WORLD INQUIRY** **Terremotos en todo el mundo**

Hay una estrecha relación entre los terremotos y la tectónica de placas. El mapa muestra dónde ocurrieron los terremotos en el pasado en relación con los bordes de las placas.

✏️ **Expresa opiniones** Traza el contorno de los bordes de las placas que forman el Cinturón de Fuego. Luego, observa América del Norte. Dibuja una estrella donde se deberían hacer construcciones que resistan los terremotos. Haz una X donde haya menos necesidad de diseñar construcciones que resistan los temblores fuertes. Haz lo mismo con otro continente (excepto la Antártida). Explica tus respuestas.

_____

_____

_____

_____

_____

_____

_____

_____

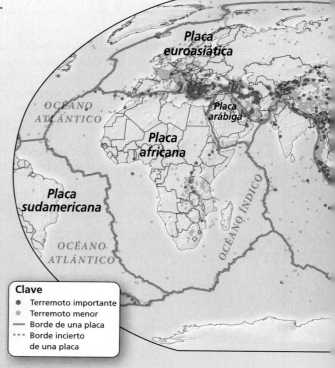

Placa euroasiática

OCÉANO ATLÁNTICO

Placa arábiga

Placa africana

Placa sudamericana

OCÉANO ÍNDICO

OCÉANO ATLÁNTICO

Clave
- Terremoto importante
- Terremoto menor
— Borde de una placa
- - - Borde incierto de una placa

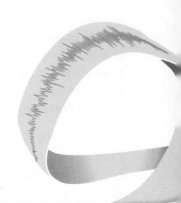

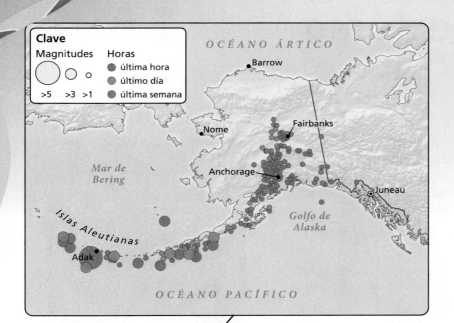

Clave

Magnitudes

Horas
- última hora
- último día
- última semana

>5 >3 >1

OCÉANO ÁRTICO

Barrow

Nome

Fairbanks

Mar de
Bering

Anchorage

Juneau

Golfo de
Alaska

Islas Aleutianas

Adak

OCÉANO PACÍFICO

Terremotos en Alaska

Observa el mapa de Alaska. Aquí, los terremotos son el resultado de la subducción. ✎ **Infiere** Dibuja el borde de las placas. Luego, dibuja flechas a ambos lados del borde para mostrar la dirección en que se desplazan las placas una con respecto a la otra.

Haz la Actividad rápida de laboratorio *Patrones de terremotos.*

Zona de laboratorio

🔑 **Evalúa tu comprensión**

2a. Repasa _____ almacenada en las rocas como resultado del movimiento de las placas puede liberarse durante un terremoto.

b. RESPONDE LA PREGUNTA PRINCIPAL ¿Por qué los terremotos son más frecuentes en algunos lugares que en otros?

_____
_____
_____
_____
_____
_____
_____

¿comprendiste? ....

○ **¡Comprendí!** Ahora sé que los datos sismográficos revelan que _____
_____
_____

○ Necesito más ayuda con _____
_____

Consulta **MY SCIENCE COACH** *en línea para obtener ayuda en inglés sobre este tema.*

OCÉANO ÁRTICO

Alaska

Placa norteamericana

JAPÓN

Placa de Juan de Fuca

laca ipina

OCÉANO PACÍFICO

Nueva Guinea

Placa del Pacífico

INDONESIA

Placa del Caribe

Placa de Cocos

Placa sudamericana

Placa de Nazca

OCÉANO PACÍFICO

Placa paustraliana

NUEVA ZELANDA

Placa antártica

4 Guía de estudio

REPASA LA PREGUNTA PRINCIPAL

Los terremotos son más frecuentes a lo largo de _____ , donde _____ _____ almacena energía en la roca que forma la corteza.

LECCIÓN 1 Fuerzas en la corteza terrestre

🔑 La tensión, la compresión y el cizallamiento actúan durante millones de años y cambian la forma y el volumen de la roca.

🔑 Cuando se acumula mucha presión en la roca, ésta se rompe y se produce una falla.

🔑 El movimiento de las placas puede transformar una llanura plana en accidentes geográficos como pliegues, montañas de plegamiento, montañas de bloque de falla y mesetas.

Vocabulario
- presión • tensión • compresión • cizallamiento
- falla normal • falla inversa • falla transcurrente • meseta

LECCIÓN 2 Terremotos y ondas sísmicas

🔑 Las ondas sísmicas llevan la energía producida por un terremoto.

🔑 La intensidad del daño o del temblor que se siente a causa de un terremoto se mide con la escala modificada de Mercalli. La magnitud, o el tamaño, de un terremoto se mide mediante la escala de Richter o la escala de magnitud de momento.

🔑 Los geólogos usan las ondas sísmicas para localizar el epicentro de un terremoto.

Vocabulario
- terremoto • foco • epicentro • onda P • onda S
- onda superficial • sismógrafo • escala modificada de Mercalli
- magnitud • escala de Richter • escala de magnitud de momento

---

LECCIÓN 3 Monitoreo de los terremotos

🔑 Las ondas sísmicas hacen que el tambor de un sismógrafo simple vibre y que, en consecuencia, el bolígrafo registre las vibraciones.

🔑 A partir de los datos sismográficos de terremotos anteriores, los geólogos han creado mapas que muestran dónde se producen los terremotos en todo el mundo. Los mapas indican que los terremotos suelen producirse a lo largo de los bordes de las placas.

Vocabulario
- sismograma

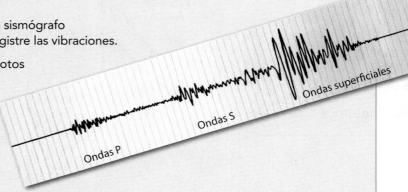

Ondas superficiales

Ondas S

Ondas P

Repaso y evaluación

LECCIÓN 1
Fuerzas en la corteza terrestre

1. ¿Qué fuerza oprime la corteza terrestre y hace que se vuelva más corta y gruesa?

   a. tensión   **b.** normal

   c. cizallamiento   **d.** compresión

2. Las rocas a ambos lados de una falla _____ se deslizan horizontalmente en sentido opuesto con poco desplazamiento hacia arriba o abajo.

3. Haz una lista Da dos ejemplos de cordilleras del mundo creadas por plegamiento.

_____

_____

_____

4. Interpreta diagramas ¿Qué tipo de presión muestra este diagrama?

_____

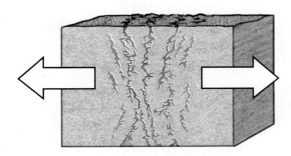

5. Relaciona causa y efecto Las mesetas son áreas de terreno extensas, llanas y elevadas. Menciona una manera en que se forman las mesetas.

_____

_____

_____

6. **Escríbelo** La compresión genera pliegues denominados anticlinales y sinclinales. ¿En qué se parecen estos accidentes geográficos? ¿En qué se diferencian?

LECCIÓN 2
Terremotos y ondas sísmicas

7. ¿Cuál de estas escalas mide el daño causado por un terremoto en un lugar determinado?

   a. foco   **b.** modificada de Mercalli

   c. Richter   **d.** magnitud de momento

8. El punto de la superficie de la Tierra que está directamente sobre el foco de un terremoto se denomina _____

9. Interpreta diagramas Rotula el diagrama para mostrar las direcciones en que viaja y vibra una onda S.

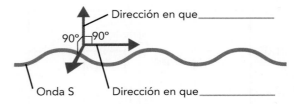

Dirección en que_____

90° 90°

Onda S   Dirección en que_____

10. Explica ¿Cuál es la relación entre la energía que libera un terremoto y su magnitud de momento?

_____

_____

11. Interpreta datos ¿Pueden los geólogos usar datos de sólo dos estaciones sismográficas para localizar el epicentro de un terremoto? Explica tu respuesta.

_____

_____

_____

12. ¡matemáticas! El sismógrafo A registra las ondas P a las 6:05 p.m. y las ondas S a las 6:10 p.m. El sismógrafo B registra las ondas P a las 6:10 p.m. y las ondas S a las 6:25 p.m. ¿Cuál es la diferencia en la hora de llegada en cada dispositivo? ¿Qué dispositivo está más cerca del epicentro del terremoto?

_____

_____

LECCIÓN 3 Monitoreo de los terremotos

13. ¿En qué lugar hay mayor riesgo de terremoto?

    a. en el centro de una placa

    b. en las placas grandes

    c. en los bordes de las placas

    d. en las placas pequeñas

14. En un sismograma, las líneas muy altas e irregulares indican que un terremoto está _____ o es _____

Usa la gráfica para responder las preguntas 15 y 16.

Hora de llegada de las ondas P y S

Eje Y: Movimiento del suelo (mm), de −1.0 a 1.5
Eje X: Minutos, de 0 a 8

- Ondas superficiales
- Llegada de las ondas S
- Llegada de las ondas P

15. Lee gráficas ¿Qué tipo de ondas sísmicas produjeron mayor movimiento del suelo?

_____

16. Interpreta datos ¿Cuál fue la diferencia en la hora de llegada de las ondas P y las ondas S?

_____

17. **Escríbelo** Hay un alto riesgo de que se produzcan terremotos a lo largo de la falla de San Andrés en California. ¿Qué sucede en la corteza terrestre a lo largo de la falla que genera este alto riesgo de terremotos? Usa la teoría de la tectónica de placas en tu respuesta.

¿Por qué los terremotos son más frecuentes en algunos lugares que en otros?

18. Se contrata a un arquitecto para diseñar un rascacielos en la ciudad de Yakarta, en Indonesia, que se encuentra cerca del Cinturón de Fuego. El arquitecto debe cumplir con los códigos especiales de construcción que ha dispuesto la ciudad. ¿Cuál podría ser el propósito de esos códigos y por qué son importantes en Yakarta?

_____

_____

_____

_____

_____

_____

_____

Placa filipina

Placa euroasiática

Yakarta

Placa indoaustraliana

OCÉANO ÍNDICO

Clave
— Borde de la placa

Preparación para exámenes estandarizados

Selección múltiple

Encierra en un círculo la letra de la mejor respuesta.

1. Este diagrama muestra una masa de roca afectada por la presión.

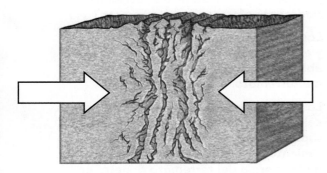

¿Qué tipo de proceso de presión muestra este diagrama?

A separación
B tensión
C compresión
D cizallamiento

2. Un terremoto se produce a lo largo de una falla cuando

A la energía en la roca a lo largo de la falla no cambia durante un período de tiempo prolongado.
B la presión en la roca a lo largo de la falla hace que la roca se derrita.
C se acumula mucha energía en la roca a lo largo de la falla que hace que la roca se rompa o se deslice.
D la energía en la roca a lo largo de la falla se convierte en calor.

3. ¿Qué escala usaría un geólogo para estimar la energía total liberada por un terremoto?

A escala modificada de Mercalli
B escala de Richter
C escala de epicentro
D escala de magnitud de momento

4. Cuando se produce un terremoto, las ondas sísmicas se propagan

A sólo a través del labio superior.
B sólo a través del labio inferior.
C hacia afuera del foco.
D hacia el interior del epicentro.

5. ¿Dónde se encuentran las áreas que presentan mayor riesgo de sufrir terremotos?

A en el centro de las placas
B donde se juntan las placas
C en el centro del océano
D donde la tierra se une con el agua

Respuesta elaborada

Usa la gráfica que sigue y tus conocimientos de ciencias para responder la pregunta 6. Escribe tu respuesta en una hoja aparte.

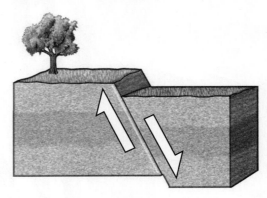

6. Explica el proceso que forma una falla normal y provoca un terremoto a lo largo de la falla. Describe la falla, el tipo de presión que la produce y los sucesos que ocurren antes y después del terremoto.

La tecnología y la sociedad

CONSTRUCCIONES

antisísmicas

Imagínate que estás en el último piso de un edificio alto de tu ciudad. Se produce un terremoto. ¿Qué características podrían ayudar al edificio a resistir los poderosos efectos de un terremoto?

Los **tensores** sujetan con firmeza el piso y el techo del edificio a las paredes, y absorben y dispersan la energía del terremoto.

Los **aisladores de base** son placas flexibles colocadas debajo del primer piso que separan, o aíslan, el edificio de los cimientos. Las placas evitan que parte de la energía del terremoto penetre en el edificio.

Los **refuerzos transversales** forman una red de acero en la parte exterior del edificio para fortalecer la estructura.

Los **amortiguadores** funcionan como los amortiguadores de un automóvil y absorben parte de la energía de las ondas sísmicas.

Diséñalo Usa cartulina, paletas para manualidades y plastilina para construir un modelo de un edificio antisísmico. Coloca el modelo sobre la mesa y haz caer un libro pesado junto al modelo. Luego, intenta mover la mesa para sacudir el modelo de costado. ¿Qué tan bien se mantiene en pie el edificio? ¿Qué cambios podrías hacer para mejorar la estabilidad de la estructura?

▲ Los refuerzos transversales en la parte exterior del edificio ayudan a sostener la estructura.

¿Qué saben los sapos?

El 12 de mayo de 2008, un fuerte terremoto sacudió China. A los pocos días, desde distintos *blogs*, se aseguraba que muchas señales habían anticipado el terremoto. En un *blog*, escribieron que había miles de sapos en el lugar justo antes del terremoto. En otro, afirmaban haber visto estanques que se vaciaban y se secaban.

Escríbelo Escribe un artículo que podrías publicar en un *blog*. ¿Crees en las afirmaciones de algunos *blogs* sobre las señales que podrían anticipar un terremoto? ¿Qué evidencia buscarías para determinar si las afirmaciones de los *blogs* eran científicamente precisas?

SISMOLOGÍA FORENSE

En mayo de 2008, la India probó dos dispositivos nucleares haciéndolos explotar bajo tierra. Días después, Paquistán realizó pruebas similares. El mundo se enteró de estas pruebas porque esas explosiones causaron ondas sísmicas.

¿Cómo supieron los geólogos que las ondas sísmicas fueron producidas por explosiones nucleares y no por terremotos? Las ondas sísmicas provenientes de explosiones nucleares subterráneas producen un patrón de sismograma diferente del de los terremotos.

Investígalo Investiga en qué se diferencian los sismogramas producidos por explosiones nucleares de los sismogramas producidos por terremotos, y haz un cartel para ilustrar las diferencias.

▲ Una prueba nuclear subterránea destruyó estas construcciones de prueba en Pokaran, la India, en 1998.

¿QUÉ CAUSÓ ESTA EXPLOSIÓN?

¿Cómo se producen las erupciones volcánicas?

Una lluvia de vívidas chispas anaranjadas y rojas adorna el cielo nocturno. Un grupo de personas observa esta hermosa escena que ilumina la noche. ¿Será un espectáculo de fuegos artificiales fuera de control? Probablemente hayas adivinado que se trata de una erupción volcánica. En realidad, este volcán está explotando y arrojando gases calientes, cenizas y lava por el aire.

Infiere ¿Por qué puede producirse la explosión de un volcán?

_____

_____

_____

_____

_____

> **UNTAMED SCIENCE** Mira el video de *Untamed Science* para aprender más sobre los volcanes.

Verifica tu comprensión

1. Preparación Lee el párrafo siguiente y luego responde la pregunta.

El Sr. Carenni dijo: "Como actividad del día, vamos a hacer un modelo de la corteza terrestre. Podemos imaginarnos la **corteza** como una capa delgada de hielo apoyada sobre una capa mucho más gruesa de nieve compacta. Ahora imaginemos que el hielo se rompe en pedazos. Cuando nos referimos a la Tierra, esos pedazos se denominan **placas.** Los límites de estas placas se denominan **bordes**".

La **corteza** es la capa de rocas que forma la superficie externa de la Tierra.

Una **placa** es una de las grandes secciones en las que se divide la corteza terrestre.

Un **borde** es una línea en la que algo termina.

- Imagínate que empujas lentamente dos pedazos de hielo tratando de que se junten. ¿Qué podría ocurrir con los bordes de esos pedazos?

_____

_____

>MY READING WEB Si tuviste dificultades para responder la pregunta anterior, visita *My Reading Web* y escribe *Volcanoes.*

Destreza de vocabulario

Palabras académicas de uso frecuente Las palabras académicas de uso frecuente son aquellas palabras que se suelen usar en textos, documentos y debates académicos. Estas palabras se diferencian de los términos clave porque aparecen en muchas asignaturas.

Palabra	Definición	Ejemplo
superficie	(s.) capa exterior o última capa de un objeto	La *superficie* terrestre es muy rocosa.
etapa	(s.) parte de un proceso	La madurez es una *etapa* de la vida.
riesgo	(s.) peligro posible	Los incendios forestales pueden ser un *riesgo* para las personas que viven cerca de los bosques.

2. Verificación rápida Elige la palabra de la tabla que complete mejor la oración.

- Cuando un volcán entra en erupción, la lava puede ser _____ para las personas que viven en las ciudades cercanas.

punto caliente

cráter

cuello volcánico

caldera

Vistazo al capítulo

LECCIÓN 1

- volcán
- magma
- lava
- Cinturón de Fuego
- arco de islas
- punto caliente
- 🔄 Relaciona el texto y los elementos visuales
- 🔺 Desarrolla hipótesis

LECCIÓN 2

- cámara magmática
- chimenea
- ventiladero
- colada de lava
- cráter
- sílice
- flujo piroclástico
- inactivo
- extinto
- 🔄 Haz un esquema
- 🔺 Comunica ideas

LECCIÓN 3

- caldera
- cono de escoria
- volcán compuesto
- volcán en escudo
- cuello volcánico
- dique discordante
- dique concordante
- batolito
- 🔄 Relaciona causa y efecto
- 🔺 Predice

> VOCAB FLASH CARDS Para obtener más ayuda con el vocabulario, visita *Vocab Flash Cards* y escribe *Volcanoes.*

Volcanes y tectónica de placas

DESCUBRE LA PREGUNTA PRINCIPAL

¿En qué lugares de la superficie terrestre están los volcanes?

mi DiARio DeL pLaneTa

EXCURSIÓN

Montaña de fuego, montaña de hielo

Los alpinistas que escalan con mucho esfuerzo las laderas nevadas del **monte Erebus**, en la Antártida, podrían llevarse una desagradable sorpresa. Algunas bolas abrasadoras de roca fundida de tres metros de ancho podrían volar por el aire y aterrizar a pocos pasos de ellos. ¿Por qué? Porque el monte Erebus es uno de los volcanes que se encuentra más al sur de nuestro planeta. Los científicos sostienen que el monte Erebus yace sobre un área donde el material que forma el manto de la Tierra se eleva y luego se funde. El material fundido llega a la superficie en el monte Erebus.

Lee el texto y luego responde la pregunta.

¿Cómo se formó el monte Erebus?

_____

_____

_____

_____

_____

_____

> PLANET DIARY Consulta *Planet Diary* para aprender más en inglés sobre los volcanes.

Zona de laboratorio Haz la Indagación preliminar *Activar volcanes.*

¿En qué lugares de la superficie terrestre están los volcanes?

La erupción volcánica puede ser imponente. Los materiales fundidos pueden salir despedidos y pueblos enteros pueden desaparecer bajo la ceniza. Un **volcán** es una montaña que se forma en la corteza terrestre cuando el material fundido, o magma, sale hacia la superficie. El **magma** es una mezcla fundida de las sustancias de las rocas, gases y agua, proveniente del manto. Cuando sale a la superficie, se denomina **lava.** Cuando el magma y la lava se enfrían, forman una roca sólida.

Vocabulario

- volcán • magma • lava • Cinturón de Fuego
- arco de islas • punto caliente

Destrezas

🔄 Lectura: Relaciona el texto y los elementos visuales

🔺 Indagación: Desarrolla hipótesis

Volcanes y bordes de placas

¿Los volcanes están distribuidos al azar? No; generalmente, forman un patrón regular en la Tierra. Para comprender por qué sucede esto, observa el mapa de la **ilustración 1.** Fíjate que los volcanes aparecen en largas cadenas. 🔑 **Las cadenas volcánicas se forman a lo largo de los bordes de las placas.**

Los volcanes pueden formarse donde dos placas se separan, o divergen. Allí, los movimientos de las placas hacen que la corteza se fracture. Las fracturas en la corteza permiten que el magma llegue a la superficie. Los volcanes también pueden formarse donde dos placas se juntan, o convergen. A medida que las placas se acercan y se empujan, una de ellas puede hundirse debajo de la otra. Con el tiempo, el agua que acompaña el descenso de la placa contribuirá a que se forme el magma, que sube a la superficie.

El **Cinturón de Fuego,** de la **ilustración 1,** es una cadena de volcanes muy importante que incluye los numerosos volcanes que rodean el océano Pacífico. El Cinturón de Fuego incluye los volcanes ubicados a lo largo de las costas de América del Norte y América del Sur, y los de Japón y las Filipinas.

ILUSTRACIÓN 1 ·······

El Cinturón de Fuego

El Cinturón de Fuego es una cadena de volcanes que rodea el océano Pacífico. Al igual que casi todos los volcanes, se forman a lo largo de los bordes de las placas tectónicas.

🔺 **Desarrolla hipótesis** **Encierra en un círculo un volcán del mapa que no esté en el borde de una placa. ¿Por qué se formó ese volcán allí? Escribe tu respuesta en el espacio que sigue. Corrígela al terminar la lección.**

Hipótesis original: _____

_____

_____

_____

Hipótesis corregida: _____

_____

_____

_____

🔄 **Relaciona el texto y los elementos visuales**

Los volcanes suelen formar cadenas a lo largo de los bordes de las placas. ¿Cómo muestra la ilustración 1 que este enunciado es verdadero para América del Norte?

_____

_____

_____

_____

_____

_____

Clave

▬ Borde de la placa

△ Volcán

ASIA

AMÉRICA DEL NORTE

Cinturón de Fuego

OCÉANO PACÍFICO

Cinturón de Fuego

AMÉRICA DEL SUR

AUSTRALIA

△ *Monte Erebus*

ANTÁRTIDA

Volcanes y bordes convergentes

Los volcanes suelen formarse donde chocan dos placas.

✎ **Compara y contrasta**
Colorea las flechas para mostrar la dirección del movimiento de las placas. Luego, compara y contrasta las maneras en que se forman los volcanes en los puntos A y B.

_____

_____

_____

_____

_____

_____

_____

_____

Bordes divergentes Los volcanes se forman a lo largo de las cordilleras oceánicas centrales, donde dos placas se separan. Las cordilleras oceánicas centrales forman largas cordilleras submarinas que a veces tienen un valle de fisura en el centro. En la zona del valle de fisura, la lava sale de las grietas que hay en el suelo oceánico. Lentamente, este proceso da origen a nuevas montañas. Los volcanes también se forman en los bordes de las placas divergentes en los continentes. Por ejemplo, existen grandes volcanes en el Gran Valle del Rift, al este de África.

Bordes convergentes Muchos volcanes se forman cerca de los bordes de las placas convergentes, donde chocan dos placas oceánicas. Como resultado de la subducción, la placa más antigua y densa se hunde en el manto y crea una fosa oceánica profunda. El agua de la placa que se hunde con el tiempo se separa de la corteza y asciende hasta la cuña del manto que está más arriba. Como resultado, el punto de fusión del manto de la cuña desciende y el manto se funde parcialmente. El magma que se forma en consecuencia se eleva. Este magma puede abrirse paso por el suelo oceánico y crear volcanes.

Los volcanes que se forman a veces crean una cadena de islas que se denomina **arco de islas.** Observa la **ilustración 2.** La curva de un arco de islas repite la curva de su fosa oceánica profunda. Entre los arcos de islas más importantes se encuentran Japón, Nueva Zelanda, las islas Aleutianas y las islas del Caribe.

Los volcanes también se forman donde una placa oceánica se desliza por subducción debajo de una placa continental. Colisiones como éstas originaron los volcanes de la Cordillera de los Andes en América del Sur. En los Estados Unidos, las colisiones de placas también originaron los volcanes del Noroeste del Pacífico, como el monte Santa Elena y el monte Rainier.

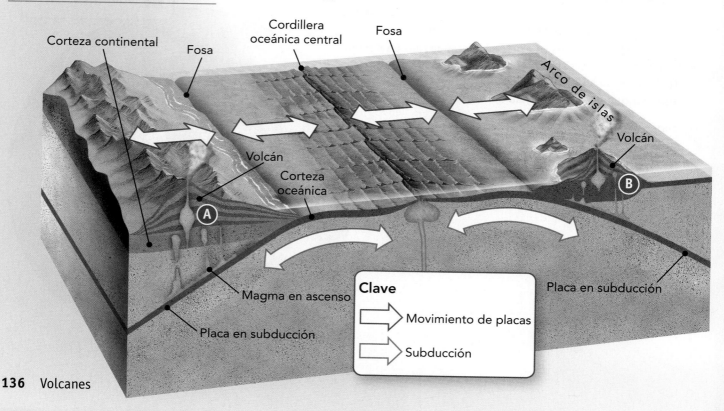

Clave

➡ Movimiento de placas

➡ Subducción

Puntos calientes No todos los volcanes se forman en el borde de las placas. Algunos surgen en los "puntos calientes" del manto de la Tierra. Un **punto caliente** es un área en la que el material de las profundidades del manto atraviesa la corteza, se funde y forma el magma. 🗝️ **Los volcanes se forman sobre un punto caliente cuando hay una erupción de magma que atraviesa la corteza y llega a la superficie.** Los puntos calientes permanecen en un lugar durante millones de años mientras las placas se deslizan sobre ellos. Algunos volcanes de puntos calientes están cerca de los bordes de las placas. Otros están en el centro de estas placas. El Parque Nacional de Yellowstone en Wyoming señala un enorme punto caliente debajo de la placa de América del Norte.

¡aplícalo!

Las islas hawaianas se fueron formando una por una debido al lento desplazamiento de la placa del Pacífico sobre un punto caliente. Este proceso llevó millones de años.

Océano Pacífico
Kauai   Oahu   Maui
Islas hawaianas
Hawaii
Movimiento de la placa del Pacífico
Punto caliente

1 En la actualidad, el punto caliente está formando montañas volcánicas en la isla de (Oahu/Maui/Hawaii).

2 ¿Crees que Maui volverá a entrar en erupción? ¿Por qué?

_____

_____

3 DESAFÍO   ¿Qué isla es más antigua: Kauai o Maui? ¿Por qué?

_____

_____

_____

_____

🗝️ **Evalúa tu comprensión**

1a. Define Un volcán es una montaña que se forma en la corteza terrestre cuando _____ llega a la superficie.

b. Explica ¿Pueden formarse volcanes debajo del agua? ¿Por qué?

_____

_____

_____

Zona de laboratorio Haz la Actividad rápida de laboratorio *¿En qué lugares de la superficie terrestre están los volcanes?*

¿comprendiste?

○ **¡Comprendí!** Ahora sé que los volcanes se encuentran en estas dos ubicaciones generales: ____

_____

_____

○ **Necesito más ayuda con**_____

Consulta MY SCIENCE Ⓢ COACH *en línea para obtener ayuda en inglés sobre este tema.*

Erupciones volcánicas

🗝 ¿Qué ocurre cuando un volcán entra en erupción?

🗝 ¿Cuáles son las etapas de la actividad volcánica?

mi DiaRio DeL planeta

DATOS CURIOSOS

¡Cabeza al rojo vivo!

¿Es posible que la lava se parezca a tu cabello? Pues, en Hawaii, sí. Aquí, los excursionistas pueden encontrar finas hebras de material solidificado que brillan como el oro bajo la luz solar. Estas finas hebras son los cabellos de Pele. Pele es la diosa hawaiana de los volcanes y del fuego. ¡Su "cabello" en realidad es vidrio volcánico! Se forma cuando las gotas diminutas de lava vuelan por el aire. El viento las alarga hasta formar hebras tan delgadas como un cabello. Las hebras de vidrio luego se amontonan en las grietas del suelo.

Lee el texto. Luego responde la pregunta.

¿Cómo se forma el cabello de Pele?

_____

_____

_____

_____

_____

▷ PLANET DIARY Consulta *Planet Diary* para aprender más en inglés sobre la lava.

Zona de laboratorio Haz la Indagación preliminar *¿Cuánto tardan los líquidos en fluir?*

¿Qué ocurre cuando un volcán entra en erupción?

La lava empieza como magma. Por lo general, el magma se forma en una capa relativamente blanda de roca caliente y sólida que se encuentra en el manto superior, debajo de una capa de roca más dura. Como el magma es menos denso que el material que lo rodea, sube por cualquier grieta que haya en la roca que está sobre él. Si el magma llega hasta la superficie, puede formarse un volcán.

Vocabulario

- cámara magmática • chimenea • ventiladero • colada de lava
- cráter • sílice • flujo piroclástico • inactivo • extinto

Destrezas

 Lectura: Haz un esquema

▲ Indagación: Comunica ideas

El interior de un volcán

Un volcán es más que una gran montaña en forma de cono. Dentro de los volcanes hay sistemas de conductos por los que circula el magma, como en la **ilustración 1**.

- **Cámara magmática** Todos los volcanes tienen una bolsa de magma debajo de la superficie. Debajo de los volcanes, el magma se acumula en una **cámara magmática.** Durante una erupción, el magma se abre camino a través de una o más grietas de la corteza terrestre.
- **Chimenea** El magma sube por una **chimenea,** un largo tubo que se extiende desde la corteza hasta la parte superior del volcán y conecta la cámara magmática con la superficie de la Tierra.
- **Ventiladero** La roca fundida y los gases salen del volcán a través de una abertura que se denomina **ventiladero.** Algunos volcanes tienen un solo ventiladero central en la parte superior, pero muchos también suelen tener ventiladeros en sus laderas.
- **Colada de lava** Una **colada de lava** es el área cubierta de lava a medida que ésta sale por el ventiladero del volcán.
- **Cráter** Un **cráter** es un área en forma de tazón que se forma en la parte superior de un volcán, rodeando el ventiladero central.

Vocabulario Palabras académicas de uso frecuente Un sistema es un grupo de partes que trabajan conjuntamente. Describe por qué un volcán podría considerarse un sistema.

_____

_____

_____

_____

ILUSTRACIÓN 1 ···

> INTERACTIVE ART **El interior de un volcán**

Los volcanes se componen de muchas partes.

✎ **Identifica** Ubica cada término en el lugar del diagrama que corresponda.

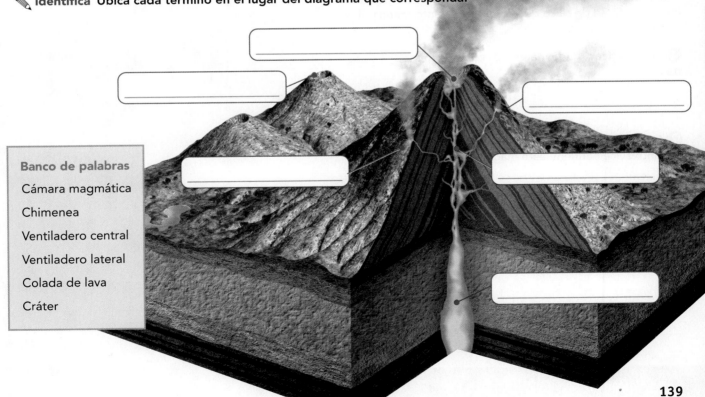

Banco de palabras

Cámara magmática

Chimenea

Ventiladero central

Ventiladero lateral

Colada de lava

Cráter

Una erupción volcánica

Quizá sepas que dentro de todas las latas de refrescos hay dióxido de carbono disuelto. ¿Pero sabías que hay gases disueltos dentro del magma? Estos gases disueltos se encuentran bajo gran presión. Durante una erupción, a medida que el magma sube hacia la superficie, la presión de la roca que lo rodea disminuye. Los gases disueltos comienzan a expandirse y forman burbujas. Estas burbujas son muy parecidas a las de los refrescos. A medida que la presión en el magma disminuye, el tamaño de las burbujas de gas aumenta enormemente. Estos gases en expansión ejercen mucha fuerza. **Cuando un volcán entra en erupción, la fuerza de los gases en expansión empuja el magma de la cámara magmática a través de la chimenea hasta que fluye o explota por el ventiladero.** Cuando el magma escapa del volcán y se convierte en lava, los gases que quedan salen en forma de burbujas.

Dos tipos de erupciones volcánicas

Algunas erupciones volcánicas se producen gradualmente y duran días, meses o incluso años. Otras producen grandes explosiones. **Los geólogos clasifican las erupciones volcánicas en no violentas y explosivas.** Que una erupción sea no violenta o explosiva depende en parte del contenido de sílice del magma y de si el magma es liviano y fluido o denso y viscoso. El **sílice** es un material presente en el magma, compuesto por los elementos oxígeno y silicio. La temperatura también ayuda a determinar qué tan fluido es el magma.

¡Usa las matemáticas!

Composición del magma

El magma varía en su composición. Se clasifica de acuerdo con la cantidad de sílice que contiene. Cuanto menos sílice contiene, más fácilmente fluye.

1 **Lee gráficas** ¿Qué materiales componen los dos tipos de magma?

_____

2 **Lee gráficas** ¿Qué tipo de magma contiene más sílice? ¿Cuánto sílice contiene este magma?

_____

_____

3 [DESAFÍO] ¿Cuál de estos magmas crees que podría entrar en erupción con una explosión espectacular? ¿Por qué?

_____

_____

_____

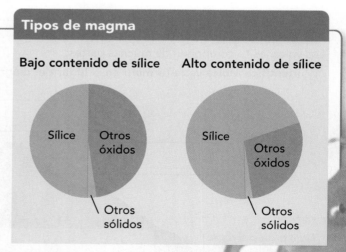

Tipos de magma

Bajo contenido de sílice   **Alto contenido de sílice**

Sílice   Otros óxidos   Sílice   Otros óxidos

Otros sólidos   Otros sólidos

Erupciones no violentas Los volcanes entran en una erupción no violenta si el magma está caliente o tiene bajo contenido de sílice. El magma caliente y con bajo contenido de sílice es liviano y fluido y sale con facilidad. Los gases del magma burbujean suavemente. La lava con bajo contenido de sílice sale lentamente del ventiladero y puede recorrer muchos kilómetros.

Las erupciones no violentas pueden producir distintos tipos de lava, como en la **ilustración 2**. Los distintos tipos de lava forman diferentes tipos de roca al solidificarse. La pahoehoe o cordada se forma a partir de la lava caliente, liviana y fluida que sale rápido. La superficie de la roca cordada se parece a una masa sólida formada por rollos de cuerda. La aa o escoriácea se forma a partir de la lava más fría y viscosa. La lava de la que se forma la roca escoriácea también sale más lentamente. La escoriácea tiene una superficie áspera formada por trozos de lava irregulares.

La mayoría de las erupciones que formaron las islas de Hawaii fueron no violentas. En la Gran Isla de Hawaii, la lava sale del cráter cercano a Kilauea. La lava también sale de largas grietas ubicadas sobre las laderas del volcán. Por lo general, la temperatura del magma y la lava puede oscilar entre 750 °C y 1175 °C, ¡una temperatura que puede fundir el cobre! La Gran Isla de Hawaii se ha ido formando a lo largo de cientos de miles de años gracias a erupciones no violentas.

ILUSTRACIÓN 2 ···

Lava de las erupciones no violentas

Las erupciones no violentas pueden producir dos tipos diferentes de lava.

✎ **Interpreta fotografías** ¿Cuál de las lavas formará la roca escoriácea al solidificarse? ¿Cuál formará la cordada? Escribe tus respuestas en los espacios en blanco. Luego, describe con tus propias palabras la textura de cada tipo de roca.

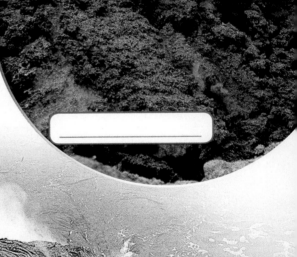

✏️ **Haz un esquema** Repasa el texto de esta página y el de la página anterior. Luego, completa el esquema siguiente.

Tipos de erupciones volcánicas

1. Erupción no violenta
   a. Kilauea
   b. _____

2. Erupción explosiva
   a. _____
   b. Magma con alto contenido de sílice

Erupciones explosivas Los volcanes entran en erupción explosiva si el magma tiene alto contenido de sílice. El magma rico en sílice es denso y viscoso. Este tipo de magma se puede acumular en la chimenea del volcán y taparlo como un corcho en una botella. Los gases disueltos, como el vapor de agua, no pueden escapar del magma denso. Estos gases atrapados acumulan presión hasta que explotan. Los gases y el vapor empujan el magma hacia fuera del volcán con una fuerza increíble. Eso es lo que ocurrió durante la erupción del monte Santa Elena en el estado de Washington. Puedes ver esta erupción en la **ilustración 3**.

Las erupciones explosivas arrojan lava por el aire con gran fuerza. En el aire, la lava se rompe en pedazos que se enfrían rápidamente, se solidifican y forman fragmentos de diferentes tamaños. Los fragmentos más pequeños forman la ceniza volcánica. La ceniza volcánica se compone de delgadas partículas de roca, tan pequeñas como una mota de polvo. Las partículas del tamaño de una piedrecita se denominan escoria. Los fragmentos más grandes, conocidos como bombas, tienen un tamaño que varía entre el de una pelota de golf y el de un automóvil.

ILUSTRACIÓN 3 ·······································
¡Qué explosión!
La erupción explosiva del monte Santa Elena en 1980 hizo volar en pedazos la cima de la montaña.

✏️ **Explica** Lee el texto de esta sección. Explica con tus propias palabras cómo los gases disueltos originaron la erupción explosiva del monte Santa Elena.

_____
_____
_____
_____
_____
_____
_____
_____

Antes de la erupción de 1980

Durante la erupción de 1980

Después de la erupción de 1980

Riesgos volcánicos Tanto las erupciones no violentas como las explosivas pueden provocar daños a gran distancia. Por ejemplo, durante una explosión no violenta, la lava que sale de los ventiladeros prende fuego y muchas veces sepulta todo lo que encuentra en su camino. Una erupción no violenta puede cubrir grandes extensiones con una gruesa capa de lava.

Durante una erupción explosiva, un volcán puede arrojar una combinación de materiales peligrosos como roca caliente y ceniza. Esta combinación de materiales puede formar una nube que desciende rápidamente por las laderas del volcán. El **flujo piroclástico** es una mezcla de ceniza, escoria, bombas y gases que corre por las laderas de un volcán durante una erupción explosiva. Una erupción explosiva también puede producir desprendimientos de lodo, nieve derretida y roca. La **ilustración 4** muestra uno de los efectos de una erupción explosiva.

ILUSTRACIÓN 4 ···
Riesgos volcánicos
En 1991, el monte Pinatubo en las Filipinas entró en erupción explosiva.

Comunica ideas **¿Qué riesgos representó el monte Pinatubo en las ciudades cercanas? Piensa en los efectos de la lava, la ceniza y los gases. Trabaja con un grupo pequeño. Haz una lista de tus respuestas en los espacios en blanco.**

_____
_____
_____
_____
_____
_____
_____

Zona de laboratorio   Haz la Investigación de laboratorio *Volcanes de gelatina.*

Evalúa tu comprensión

1a. Repasa Los dos tipos de erupciones volcánicas son

_____

b. Infiere Algunos volcanes tienen grandes glaciares en sus laderas. ¿Por qué pueden ser un peligro estos glaciares si el volcán entrara en erupción?

_____
_____
_____

¿comprendiste?

○ **¡Comprendí!** Ahora sé que cuando un volcán entra en erupción, las fuerza de los gases en expansión

_____
_____

○ Necesito más ayuda con _____

Consulta MY SCIENCE COACH *en línea para obtener ayuda en inglés sobre este tema.*

¿Cuáles son las etapas de la actividad volcánica?

La actividad volcánica puede durar desde menos de una década hasta más de 10 millones de años. Pero la mayoría de los volcanes antiguos no están siempre en erupción. Un patrón de actividad es el de los volcanes de la Cordillera de las Cascadas en la **ilustración 5**. Hace por lo menos 15,000 años que el monte Jefferson no entra en erupción. ¿Volverá a hacerlo otra vez? 🔑 **Los geólogos suelen usar los términos activo, inactivo o extinto para describir las etapas de la actividad volcánica.**

Un volcán activo, o vivo, es aquel que está en erupción o ha mostrado signos de que puede entrar en erupción en un futuro cercano. Un volcán **inactivo,** o dormido, es aquel que los científicos esperan que despierte en el futuro y se vuelva activo. Un volcán **extinto,** o apagado, es aquel que es poco probable que vuelva a entrar en erupción. Por ejemplo, los volcanes que se forman a partir de un punto caliente pueden extinguirse después de alejarse del punto caliente que les dio origen.

Los cambios de la actividad interna y externa de los volcanes se pueden advertir poco antes de la erupción. Los geólogos usan instrumentos especiales que detectan estos cambios. Por ejemplo, los medidores de inclinación detectan cambios sutiles en la elevación y la inclinación de la superficie, causados por el movimiento subterráneo del magma. Los geólogos también pueden controlar el escape de los gases de los volcanes. Monitorean los terremotos pequeños que ocurren alrededor de un volcán antes de que entre en erupción. Estos terremotos se producen por el movimiento ascendente del magma. Además, el aumento de la temperatura de las aguas subterráneas puede indicar que el magma se acerca a la superficie.

Clave

→ Dirección de los movimientos de las placas

— Borde de la placa

ILUSTRACIÓN 5 ···

Volcanes de las Cascadas

Los volcanes de las Cascadas se han ido formando a medida que la placa de Juan de Fuca se hundía debajo de la placa de América del Norte.

✏️ **Desarrolla hipótesis** Responde las preguntas.

1. Encierra en un círculo los tres volcanes que parecen ser los más activos.

2. ¿Por qué los geólogos podrían seguir considerando que el monte Jefferson es un volcán activo?

_____

_____

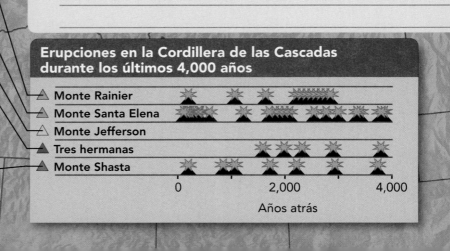

Erupciones en la Cordillera de las Cascadas durante los últimos 4,000 años

Monte Rainier
Monte Santa Elena
Monte Jefferson
Tres hermanas
Monte Shasta

0   2,000   4,000

Años atrás

California

EXPLORA LA PREGUNTA PRINCIPAL

EL MONTE RAINIER

¿Cómo se producen las erupciones volcánicas?

ILUSTRACIÓN 6 ···

REAL-WORLD INQUIRY El monte Rainier forma parte de los volcanes de las Cascadas. Todas las erupciones que tuvo el monte Rainier en el pasado estuvieron formadas por cenizas y lava.

El magma del monte Rainier

60% Sílice

40% Otros materiales

Placa de América del Norte

Seattle

Monte Rainier

Placa de Juan de Fuca

✎ **Predice** ¿Cómo podría entrar en erupción el monte Rainier en el futuro? Usa la información de esta página. Incluye en tu respuesta el papel que desempeña la tectónica de placas. Además, comenta la historia del monte Rainier y su etapa actual de actividad. (*Pista:* Observa la ilustración 5).

_____

_____

_____

_____

_____

_____

_____

_____

_____

_____

_____

Zona de laboratorio Haz la Actividad rápida de laboratorio *Etapas volcánicas.*

🔑 Evalúa tu comprensión

2a. Identifica Un volcán que actualmente está en erupción se denomina volcán (activo/inactivo/extinto).

b. RESPONDE LA PREGUNTA PRINCIPAL ¿Cómo se producen las erupciones volcánicas?

_____

_____

_____

_____

_____

¿comprendiste?

○ **¡Comprendí!** Ahora sé que las tres etapas de actividad en el ciclo de vida de un volcán son _____

_____

_____

○ Necesito más ayuda con _____

_____

Consulta MY SCIENCE COACH *en línea para obtener ayuda en inglés sobre este tema.*

Relieves volcánicos

DESCUBRE LA PREGUNTA PRINCIPAL

🔑 ¿Qué accidentes geográficos crean la lava y la ceniza?

🔑 ¿Qué accidentes geográficos crea el magma?

mi Diario Del planeta

BLOG

Enviado por: Jackson

Ubicación: West Hills, California

Tuve la oportunidad de ver un volcán activo y peligroso. Estábamos en Hawaii, sobrevolando la Gran Isla en un pequeño avión. El volcán era bastante grande, probablemente de algunas millas de diámetro. Una columna inmensa de humo salía de la parte superior de este volcán y los vientos hawaianos la llevaban hacia el mar. A juzgar por las características de la lava solidificada que había en las laderas, era un volcán en escudo. Toda el área estaba literalmente emanando actividad volcánica. Se habían formado depresiones grandes donde antes había una bolsa de magma que colapsó sobre sí misma.

Responde las preguntas siguientes.

1. ¿Qué accidentes geográficos creó el volcán que vio Jackson?

_____

_____

_____

2. Si tuvieras la oportunidad de visitar Hawaii, ¿preferirías ver los volcanes desde un avión o desde la tierra? Explica tu respuesta.

_____

_____

_____

> PLANET DIARY Consulta *Planet Diary* para aprender más en inglés sobre relieves volcánicos.

Zona de laboratorio
Haz la Indagación preliminar *¿Cómo cambian los volcanes el relieve terrestre?*

Vocabulario

- caldera • cono de escoria • volcán compuesto
- volcán en escudo • cuello volcánico • dique discordante
- dique concordante • batolito

Destrezas

↻ Lectura: Relaciona causa y efecto

△ Indagación: Predice

¿Qué accidentes geográficos crean la lava y la ceniza?

La lava ha dado origen a muchas de las islas de Hawaii. De hecho, en la historia de la Tierra, la actividad volcánica sobre y bajo la superficie ha formado zonas continentales y gran parte de la corteza oceánica.

🔑 **Las erupciones volcánicas crean accidentes geográficos compuestos por lava, ceniza y otros materiales. Estos accidentes geográficos pueden ser volcanes en escudo, conos de escoria, volcanes compuestos y mesetas de lava. También están las calderas, o enormes agujeros que quedan cuando un volcán se desploma.** Puedes observar una caldera en la **ilustración 1**.

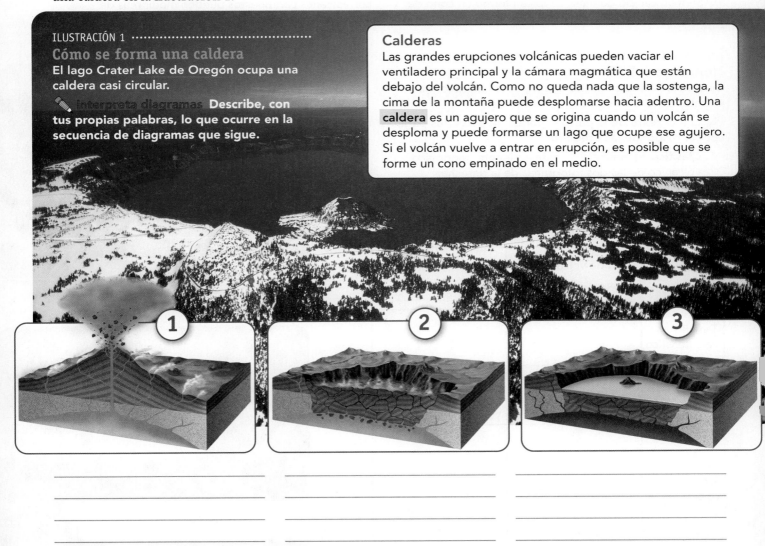

ILUSTRACIÓN 1 ·····························

Cómo se forma una caldera

El lago Crater Lake de Oregón ocupa una caldera casi circular.

✎ **Interpreta diagramas** Describe, con **tus propias palabras, lo que ocurre en la secuencia de diagramas que sigue.**

Calderas

Las grandes erupciones volcánicas pueden vaciar el ventiladero principal y la cámara magmática que están debajo del volcán. Como no queda nada que la sostenga, la cima de la montaña puede desplomarse hacia adentro. Una caldera es un agujero que se origina cuando un volcán se desploma y puede formarse un lago que ocupe ese agujero. Si el volcán vuelve a entrar en erupción, es posible que se forme un cono empinado en el medio.

1

2

3

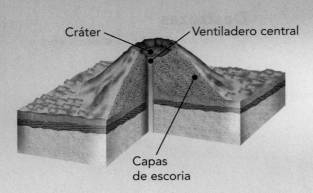

Cráter — Ventiladero central

Capas
de escoria

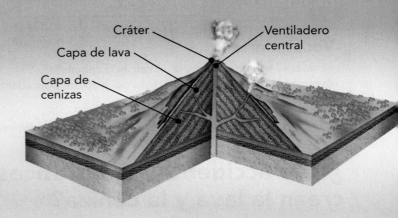

Cráter — Ventiladero central

Capa de lava

Capa de
cenizas

Conos de escoria

Si el magma de un volcán tiene alto contenido de sílice, será denso y viscoso. Por eso, el volcán puede entrar en erupción de manera explosiva y producir ceniza, escoria y bombas. Estos materiales se acumulan alrededor del ventiladero del volcán y forman una colina empinada en forma de cono o una pequeña montaña que se denomina **cono de escoria.** Por ejemplo, Paricutín, en México, entró en erupción en 1943 en un campo de maíz. El volcán formó un cono de escoria que tenía unos 400 metros de altura.

Volcanes compuestos

A veces, el contenido de sílice del magma varía. Entonces, las erupciones de lava se alternan con erupciones explosivas de ceniza, escoria y bombas. Esto da como resultado un volcán compuesto. Los **volcanes compuestos** son montañas altas en forma de cono en las que las capas de lava se alternan con las capas de ceniza. El monte Fuji, en Japón, y el monte Santa Elena, en el estado de Washington, son volcanes compuestos. Los volcanes compuestos pueden medir más de 4,800 metros de altura.

ILUSTRACIÓN 2 ···

Montañas volcánicas

Cuando la lava volcánica se enfría y se solidifica forma mesetas de lava y tres tipos de montañas.

🖉 **Lee el texto de la parte superior de estas dos páginas. Luego, responde las preguntas.**

1. **Clasifica** Identifica el tipo de accidente geográfico volcánico de las dos fotografías de la derecha.

2. [DESAFÍO] Usa el organizador gráfico para comparar y contrastar los dos tipos de volcanes.

	Tipo de volcán: _____	Tipo de volcán: _____
Tamaño característico		
Forma		
Cómo se forma el volcán		

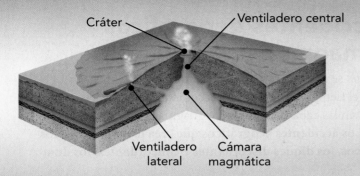

Cráter · Ventiladero central · Ventiladero lateral · Cámara magmática

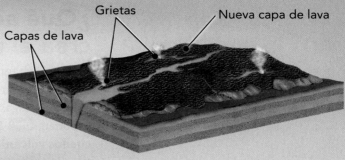

Capas de lava · Grietas · Nueva capa de lava

Volcanes en escudo

En algunos lugares de la superficie de la Tierra, salen delgadas capas de lava de un ventiladero y se solidifican sobre las capas más antiguas. La lava fluye y construye lentamente una montaña ancha con laderas poco pronunciadas que se denomina **volcán en escudo.** Los volcanes de puntos calientes que se forman en el suelo oceánico suelen ser volcanes en escudo. Por ejemplo, en Hawaii, el Mauna Loa se eleva a 9,000 metros del suelo oceánico.

Mesetas de lava

La lava puede salir de varias grietas largas en un área. La lava liviana y fluida inunda el área y se desplaza una gran distancia antes de enfriarse y solidificarse. Después de millones de años, las inundaciones reiteradas de lava pueden formar mesetas llanas y altas. Estas mesetas se denominan mesetas de lava. La meseta de Columbia es una meseta de lava que abarca parte de los estados de Washington, Oregón e Idaho.

¡aplícalo!

Las islas hawaianas son muy fértiles, o capaces de favorecer el crecimiento de las plantas. De hecho, muchas áreas que están cerca de volcanes tienen suelos ricos y fértiles, que se forman cuando la lava solidificada y las cenizas se desintegran. La ceniza libera sustancias que las plantas necesitan para crecer.

1 Predice ¿Qué tipo de industria supones que podrías encontrar en las tierras cercanas a un volcán?

_____

2 Analiza costos y beneficios Las coladas de lava podrían obligar a las personas a abandonar sus hogares en la isla de Hawaii. Pero en 2006, las ventas de cultivos de la isla superaron los $153 millones. ¿Los beneficios justifican los riesgos? Explica tu respuesta.

_____

_____

_____

Zona de laboratorio Haz la Actividad rápida de laboratorio *Identificar los accidentes geográficos volcánicos.*

🔑 Evalúa tu comprensión

1a. Repasa Los accidentes geográficos volcánicos pueden formarse a partir de (sólo lava/sólo ceniza/ lava y ceniza).

b. Explica Imagínate que la lava de un volcán ha formado una colina empinada en forma de cono alrededor del ventiladero central. ¿Qué conclusión sacarías sobre el tipo de lava que formó el volcán?

_____

_____

_____

¿comprendiste?

○ **¡Comprendí!** Ahora sé que la lava y la ceniza pueden crear los siguientes accidentes geográficos:

_____

_____

_____

○ Necesito más ayuda con _____

Consulta **MY SCIENCE** 🅢 **COACH** *en línea para obtener ayuda en inglés sobre este tema.*

¿Qué accidentes geográficos crea el magma?

A veces el magma se enfría y se convierte en roca antes de llegar a la superficie. Con el tiempo, algunas fuerzas como el agua, el hielo o el viento desgastan las capas que cubren el magma solidificado y lo exponen. 🔑 **Los accidentes geográficos que crea el magma son los cuellos volcánicos, los diques discordantes y concordantes, los domos y los batolitos.**

Cuellos volcánicos

Observa la **ilustración 3**. El accidente geográfico que parece un diente gigante incrustado en la tierra es el pico Shiprock en Nuevo México. Shiprock se formó al solidificarse el magma en la chimenea de un volcán antiguo. Las rocas más blandas que rodeaban la chimenea se desgastaron y expusieron la roca más dura del interior. Un **cuello volcánico** se forma cuando el magma se solidifica en la chimenea de un volcán y la roca que lo rodea se desgasta.

Diques discordantes y concordantes

El magma que se abre paso a través de las capas de roca se solidifica y forma un **dique discordante.** El magma que queda comprimido entre las capas de roca horizontales se solidifica y forma un **dique concordante.**

↺ **Relaciona causa y efecto**
¿Qué accidente geográfico puede crearse cuando el magma se solidifica en la chimenea de un volcán?
○ dique concordante
○ dique discordante
○ cuello volcánico

ILUSTRACIÓN 3 ·····················

▶ **INTERACTIVE ART** Cuellos volcánicos, diques discordantes y diques concordantes

Un dique discordante se extiende hacia afuera desde Shiprock, un cuello volcánico situado en Nuevo México.

✏️ **Identifica Rotula las formaciones. ¿Cómo sabes cuál es cada una?**

Cuello volcánico

Dique discordante

Dique concordante

CANADÁ

Batolito de British Columbia

Batolito de Idaho

OCÉANO PACÍFICO

ESTADOS UNIDOS

Batolito de Sierra Nevada

Clave

Batolito

0   200 mi

0   200 km

Batolito de Baja

Domos Las masas de magma solidificado pueden crear domos. Un domo se forma cuando un bloque grande de magma solidificado sube a la superficie a causa de un levantamiento. El magma solidificado hace que las capas de roca se doblen hacia arriba en forma de domo. Con el tiempo, la roca que está sobre el domo se gasta y lo deja expuesto. Este proceso formó las colinas Black Hills en Dakota del Sur.

Batolitos ¿Qué tamaño pueden tener los accidentes geográficos creados por el magma? Observa el mapa de la **ilustración 4**.

Un **batolito** es una masa de roca formada cuando una gran masa de magma se enfría dentro de la corteza terrestre. Los batolitos forman el núcleo de muchas cordilleras. Después de millones de años, la roca que lo recubre se desgasta y permite que el batolito ascienda. El flujo del agua y el desgaste del hielo esculpen el batolito lentamente hasta que se transforma en montaña.

ILUSTRACIÓN 4 ··

Batolitos

Los batolitos son comunes en el oeste de los Estados Unidos. Las montañas de la fotografía forman parte del batolito de Sierra Nevada.

✎ **Mide** ¿Cuál es la longitud del batolito de Sierra Nevada? (*Pista:* Usa el mapa y la clave).

_____

 Zona de laboratorio Haz la Actividad rápida de laboratorio *¿Cómo puede la actividad volcánica cambiar la superficie de la Tierra?*

🔑 Evalúa tu comprensión

2a. Repasa Los diques discordantes y concordantes son dos ejemplos de accidentes geográficos creados cuando (el magma/la lava) se abre paso a través de las grietas de la corteza superior.

b. Identifica ¿Qué accidente geográfico forma el magma cuando se abre paso por capas de roca?

_____

c. Infiere ¿Qué es más antiguo: un dique discordante o las capas de roca que éste atraviesa? Explica tu respuesta.

_____

_____

_____

¿comprendiste? ··

○ **¡Comprendí!** Ahora sé que el magma crea accidentes geográficos como _____

_____

○ Necesito más ayuda con _____

Consulta MY SCIENCE ⒮ COACH *en línea para obtener ayuda en inglés sobre este tema.*

5 | Guía de estudio

Un volcán entra en erupción cuando la fuerza de los gases en expansión empuja _____ de la cámara magmática a través de _____ hasta que fluye o explota por _____.

LECCIÓN 1 **Volcanes y tectónica de placas**

🔑 Las cadenas volcánicas se forman a lo largo de los bordes de las placas.

🔑 Los volcanes se forman sobre un punto caliente cuando hay una erupción de magma que atraviesa la corteza y llega a la superficie.

Vocabulario
• volcán • magma • lava
• Cinturón de Fuego • arco de islas
• punto caliente

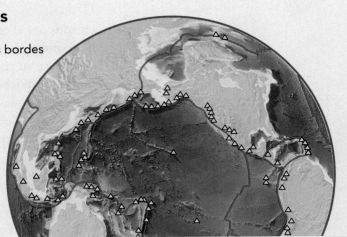

LECCIÓN 2 **Erupciones volcánicas**

🔑 Cuando un volcán entra en erupción, la fuerza de los gases en expansión empuja el magma de la cámara magmática a través de la chimenea hasta que fluye o explota por el ventiladero.

🔑 Los geólogos clasifican las erupciones volcánicas en no violentas y explosivas.

🔑 Los geólogos suelen usar los términos activo, inactivo o extinto para describir las etapas de la actividad volcánica.

Vocabulario
• cámara magmática • chimenea • ventiladero • colada de lava • cráter • sílice • flujo piroclástico • inactivo • extinto

LECCIÓN 3 **Relieves volcánicos**

🔑 Las erupciones volcánicas crean accidentes geográficos compuestos por lava, ceniza y otros materiales. Estos accidentes geográficos pueden ser volcanes en escudo, conos de escoria, volcanes compuestos y mesetas de lava. También están las calderas, o enormes agujeros que quedan cuando un volcán se desploma.

🔑 Los accidentes geográficos que crea el magma son los cuellos volcánicos, los diques discordantes y concordantes, los domos y los batolitos.

Vocabulario
• caldera • cono de escoria • volcán compuesto
• volcán en escudo • cuello volcánico • dique discordante
• dique concordante • batolito

Repaso y evaluación

LECCIÓN 1 Volcanes y tectónica de placas

1. ¿En qué lugar el magma se convierte en lava?

    a. debajo de un ventiladero

    b. dentro de una chimenea

    c. en la superficie terrestre

    d. en el manto terrestre

2. El magma llega a la superficie al salir expulsado de un volcán, que es _____

_____

_____

3. Explica ¿El magma se compone sólo de los materiales que forman las rocas? Explica tu respuesta.

_____

_____

_____

4. Relaciona causa y efecto ¿Por qué se forman volcanes en una cordillera oceánica central?

_____

_____

_____

_____

5. Interpreta diagramas Observa el diagrama que sigue. Dibuja una flecha que indique la dirección del movimiento de las placas.

Placa oceánica

Punto caliente

6. **Escríbelo** ¿Qué función cumplen las placas convergentes en la formación de los volcanes?

LECCIÓN 2 Erupciones volcánicas

7. ¿Qué tipo de roca se forma a partir de la lava fluida y liviana que se desplaza rápidamente?

    a. piroclástica   **b.** sílice

    c. aa   **d.** pahoehoe

8. Cuando el magma sube a la superficie durante una erupción, la presión disminuye y permite que las burbujas de gas se _____

9. Define ¿Qué es un volcán extinto?

_____

_____

10. Predice ¿De qué manera un volcán podría resultar riesgoso para los animales y las plantas que viven cerca?

_____

_____

_____

_____

11. Un volcán ha tenido sólo erupciones explosivas y otro sólo ha tenido erupciones no violentas. En el diagrama de abajo se muestra la composición del magma de ambos. Encierra en un círculo el diagrama que indica la composición del magma del volcán con erupciones no violentas. Explica tu respuesta.

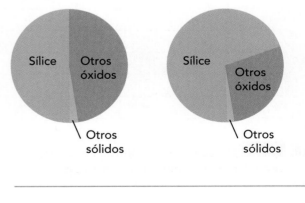

_____

_____

_____

_____

Relieves volcánicos

12. ¿Qué montaña volcánica se compone de capas de lava que se alternan con capas de ceniza?

- **a.** cono de escoria
- **b.** volcán compuesto
- **c.** volcán en escudo
- **d.** caldera

13. A veces el magma forma batolitos, que son _____

_____

_____

14. Nombra ¿Qué tipo de volcán se forma cuando de un ventiladero salen delgadas capas de lava que se solidifican sobre capas más antiguas?

_____

Usa la ilustración para responder la pregunta que sigue.

Meseta de lava

Magma

15. Infiere ¿Por qué la erupción que origina mesetas de lava no origina en su lugar una montaña volcánica?

_____

_____

_____

_____

_____

16. **Escríbelo** Compara y contrasta los diques discordantes y los diques concordantes.

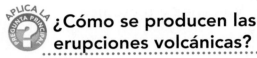

¿Cómo se producen las erupciones volcánicas?

17. Eres un *blogger* que entrevista a geólogos. Una geóloga acaba de estudiar un volcán cercano y te dice que es posible que el volcán pronto entre en erupción. Escribe tres preguntas que le harías a la geóloga sobre su evidencia, sus predicciones acerca del tipo de erupción que se producirá y sobre la función de la tectónica de placas en la erupción. Escribe una respuesta para cada una de tus preguntas.

_____

_____

_____

_____

_____

_____

_____

_____

_____

_____

_____

_____

_____

_____

_____

_____

_____

_____

_____

_____

Preparación para exámenes estandarizados

Selección múltiple

Encierra en un círculo la letra de la mejor respuesta.

1. ¿Qué accidente geográfico volcánico se está formando en el diagrama que sigue?

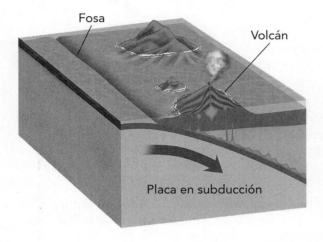

Fosa

Volcán

Placa en subducción

   A   arco de islas   **B**   cordillera oceánica central

   C   caldera   **D**   borde divergente

2. ¿Cuál de los accidentes geográficos siguientes se forma a partir del magma?

   A   caldera

   B   domo

   C   cono de escoria

   D   volcán compuesto

3. ¿Qué accidente geográfico se puede formar cuando el magma se solidifica entre las capas horizontales de roca?

   A   cuello volcánico   **B**   dique discordante

   C   cono de escoria   **D**   dique concordante

4. ¿Cuál es el primer paso para la formación de un volcán de punto caliente?

   A   El material del manto asciende y se funde.

   B   La lava hace erupción y forma una isla.

   C   Dos placas se alejan.

   D   El magma sale a través de una chimenea.

5. ¿Cómo se denomina el volcán que no ha entrado en erupción por mucho tiempo pero que los científicos esperan que vuelva a hacerlo en el futuro?

   A   inactivo   **B**   activo

   C   extinto   **D**   arco de islas

Respuesta elaborada

Usa el diagrama que sigue y tus conocimientos de ciencias para responder la pregunta 6. Escribe tu respuesta en una hoja aparte.

6. Una geóloga observa el área cercana a un gran volcán. Determina que este volcán alguna vez debe haber tenido una erupción explosiva. ¿Qué evidencia podría haberla llevado a esa conclusión? Comenta el tipo de magma que produce una erupción explosiva y las rocas que se formarían como resultado de una erupción de ese tipo.

Felicitaciones, ¡es una isla!

▲ La Isla de Surtsey en la actualidad. En esta isla no se permiten habitantes, pero los científicos que tienen permiso para realizar investigaciones han construido un centro de investigación.

El 15 de noviembre de 1963, una violenta erupción salió disparada del mar helado de la costa sur de Islandia y arrojó nubes gigantes de ceniza por el aire.

Se formó una nueva isla, Surtsey. Una erupción volcánica se originó 130 metros debajo del mar y empujó la ceniza volcánica hacia la superficie. Con el tiempo, las capas de lava y ceniza formaron un cono volcánico que se elevó hasta el nivel del mar, y así tuvo su origen la isla Surtsey.

Las erupciones continuaron durante casi cuatro años mientras salía a la superficie un constante flujo de lava que se enfriaba en el mar. Cuando las erupciones terminaron, Surtsey ocupaba una superficie de 2.7 kilómetros cuadrados.

¡Una isla nueva tarda mucho en enfriarse! En la base misma de la isla, el agua sale a través de capas de rocas sueltas. El agua se evapora cuando entra en contacto con la cámara magmática extremadamente caliente que se encuentra debajo del mar. El vapor pasa por las capas de roca porosa de la base de la isla y la calienta.

Para proteger el medio ambiente de Surtsey, el gobierno de Islandia permite que sólo unos pocos científicos visiten este delicado y nuevo medio ambiente. Surtsey es un laboratorio natural que les brinda a los científicos valiosa información de cómo se originan las poblaciones de animales y plantas en una isla volcánica.

Investígalo La llegada de los seres vivos a Surtsey es un ejemplo de sucesión primaria. Investiga los organismos que viven en Surtsey o en otra área de roca de lava formada recientemente. Haz una secuencia gráfica para ilustrar una sucesión primaria en Surtsey o en la otra área que hayas investigado.

Los vulcanólogos tienen un trabajo realmente peligroso. Investigan cómo, dónde y cuándo entran en erupción los volcanes de todo el mundo. Es posible encontrar a un vulcanólogo estudiando en las laderas del monte Santa Elena en el estado de Washington o investigando en el cráter de Krakatoa en Indonesia. También predicen las erupciones.

Los vulcanólogos tienen que tomar muy en serio la seguridad; después de todo, trabajan cerca de los volcanes en erupción. Deben tener cuidado con los gases volcánicos y los desprendimientos de tierra. Sin embargo, la vulcanología no es sólo aventuras. Los vulcanólogos estudian ciencias de la Tierra, matemáticas y física para entender lo que observan en las zonas volcánicas. Además, pasan mucho tiempo escribiendo sobre lo que aprenden para que otras personas también puedan aprender a partir de sus investigaciones.

Investígalo Investiga la historia de un volcán que hayan estudiado los vulcanólogos. Usa tu investigación como base para describir cómo el volcán ha entrado en erupción, e intenta predecir si es posible que vuelva a hacerlo y cuándo.

Un trabajo peligroso

UN SECRETO EXPLOSIVO

Alguna vez los científicos pensaron que las erupciones volcánicas explosivas no podían ocurrir debajo del agua. En cambio, pensaban que la lava se filtraba lentamente desde los volcanes submarinos.

Pero en 2008, los científicos encontraron fragmentos irregulares de roca volcánica con aspecto vítreo alrededor de volcanes submarinos del océano Ártico. La lava que se filtra lentamente no forma este tipo de rocas. Sí lo hacen las erupciones explosivas.

La cordillera Gakkel es una grieta larga situada en el suelo del océano Ártico. Los lados de la grieta están separándose lentamente. Como consecuencia, el gas forma bolsas de magma debajo de la elevación. Con el tiempo, la presión del gas produce erupciones volcánicas explosivas. Las erupciones arrojan lava, calor, gases y metales traza a las aguas del océano. Las rocas irregulares que encontraron los científicos provienen de estas explosiones.

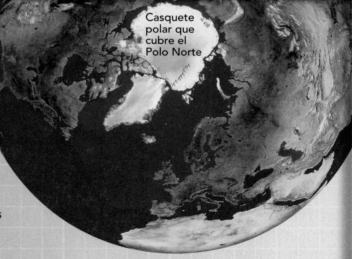

Casquete polar que cubre el Polo Norte

▲ La Cordillera Gakkel (en rojo) se encuentra debajo del océano Ártico.

Investígalo Investiga la actividad volcánica de otra cordillera oceánica central, como la cordillera Juan de Fuca. Prepara un organizador gráfico que compare el tiempo, la intensidad y las actividades volcánicas de las dos cordilleras oceánicas centrales.

157

Minerales comunes

Grupo 1: Brillo metálico; en general, de color oscuro

Mineral/ Fórmula	Dureza	Densidad (g/cm³)	Brillo (lustre)	Raya	Color	Otras propiedades/ Observaciones
Pirita FeS_2	6–6.5	5.0	Metálico	Verdosa, negra pardusca	Amarillo claro	Llamado "oro falso", pero más duro que el oro y muy quebradizo
Magnetita Fe_3O_4	6	5.2	Metálico	Negra	Negro acero	Muy magnético; mena de hierro importante; algunas variedades se denominan calamita
Hematites Fe_2O_3	5.5–6.5	4.9–5.3	Metálico o terroso	Roja o roja pardusca	Marrón rojizo a negro	La mena de hierro más importante; se usa como pigmento rojo en pinturas
Pirrotina FeS	4	4.6	Metálico	Negra grisácea	Bronce pardusco	Menos dura que la pirita; ligeramente magnética
Esfalerita ZnS	3.5–4	3.9–4.1	Resinoso	Marrón a amarilla clara	Marrón a amarillo	La mena de cinc más importante
Calcopirita $CuFeS_2$	3.5–4	4.1–4.3	Metálico	Negra verdosa	Amarillo dorado, a menudo sin brillo	La mena de cobre más importante; más blanda y más amarilla que la pirita
Cobre Cu	2.5–3	8.9	Metálico	Roja cobriza	Rojo cobrizo a negro	Se usa para hacer cables eléctricos, monedas y tuberías
Oro Au	2.5–3	19.3	Metálico	Amarilla	Amarillo brillante	Alta densidad; no pierde brillo; se usa en joyería, monedas y empastes dentales
Plata Ag	2.5–3	10.0–11.0	Metálico	Plateada a gris claro	Blanco plateado (pierde el brillo)	Se usa en joyería, monedas, cables eléctricos, fotografía
Galena PbS	2.5	7.4–7.6	Metálico	Gris plomo	Gris plomo	Principal mena de plomo; se usa en revestimientos contra la radiación
Grafito C	1–2	2.3	Metálico a mate	Negra	Negro	Grasoso al tacto; muy suave; se usa como mina de lápiz y lubricante

Grupo 2: Brillo no metálico; en general, de color oscuro

Mineral/ Fórmula	Dureza	Densidad (g/cm³)	Brillo (lustre)	Raya	Color	Otras propiedades/ Observaciones
Corindón Al_2O_3	9	3.9–4.1	Brillante a vítreo	Blanca	Generalmente marrón	Muy duro; se usa como abrasivo; los cristales transparentes se usan como piedras preciosas: "rubí" (rojo) y "zafiro" (azul)
Granate $(Ca,Mg,Fe)_3$ $(Al,Fe,Cr)_2$ $(SiO_4)_3$	7–7.5	3.5–4.3	Vítreo a resinoso	Blanca, marrón claro	Rojo, marrón, negro, verde	Grupo de minerales que se usa en joyería, como piedra del mes, y como abrasivo
Olivino $(Mg,Fe)_2SiO_4$	6.5–7	3.3–3.4	Vítreo	Blanca o gris	Verde oliva	Se encuentra en rocas ígneas; a veces se usa como piedra preciosa
Augita $Ca(Mg,Fe,Al)$ $(Al,Si)_2O_6$	5–6	3.2–3.4	Vítreo	Gris verdoso	Verde oscuro a negro	Se encuentra en rocas ígneas
Hornablenda $NaCa_2$ $(Mg,Fe,Al)_5$ $(Si,Al)_8O_{22}(OH)_2$	5–6	3.0–3.4	Vítreo, sedoso	Blanca a gris	Verde oscuro, marrón, negro	Se encuentra en rocas ígneas y en rocas metamórficas

Grupo 2: Brillo no metálico; en general, de color oscuro

Mineral/Fórmula	Dureza	Densidad (g/cm³)	Brillo (lustre)	Raya	Color	Otras propiedades/Observaciones
Apatita $Ca_5(PO_4)_3F$	5	3.1–3.2	Vítreo	Blanca	Verde, marrón, rojo, azul	A veces se usa como piedra preciosa; fuente de fósforo que necesitan las plantas. Se encuentra en huesos.
Azurita $Cu_3(CO_3)_2(OH)_2$	3.5–4	3.8	Vítreo a mate	Azul claro	Azul intenso	Mena de cobre; se usa como piedra preciosa
Biotita $K(Mg,Fe)_3$ $AlSiO_{10}(OH)_2$	2.5–3	2.8–3.4	Vítreo o perlado	Blanca a gris	Verde oscuro, marrón o negro	Un tipo de mica; a veces se usa como lubricante
Serpentina $Mg_6Si_4O_{10}(OH)_8$	2–5	2.2–2.6	Grasoso, ceroso, sedoso	Blanca	Generalmente verde	Se solía usar como aislante, pero se descubrió que causaba cáncer; se usa en materiales ignífugos; puede presentarse en forma de asbestos
Bauxita Óxidos de aluminio	1–3	2.0–2.5	Mate a terroso	Incolora a gris	Marrón, amarillo, gris, blanco	Mena de aluminio, huele a arcilla cuando está mojada; es una mezcla, no es un mineral en sentido estricto

Grupo 3: Brillo no metálico; en general, de color claro

Mineral/Fórmula	Dureza	Densidad (g/cm³)	Brillo (lustre)	Raya	Color	Otras propiedades/Observaciones
Diamante C	10	3.5	Brillante	Blanca	Incoloro y variado	Es la sustancia más dura; se usa en joyería, abrasivos, herramientas para cortar
Topacio $Al_2SiO_4(F,OH)_2$	8	3.5–3.6	Vítreo	Blanca	Amarillo pajizo, rosado, azulado	Piedra preciosa valiosa
Cuarzo SiO_2	7	2.6	Vítreo, grasoso	Blanca	Incoloro, blanco; de cualquier color cuando no es puro	El segundo mineral más abundante; muchas variedades son piedras preciosas (amatista, jaspe); se usa para hacer vidrio
Feldespato (K,Na,Ca) $AlSi_3O_8$	6	2.6	Vítreo	Incolora, blanca	Incoloro, blanco; distintos colores	Como familia, el mineral más abundante; los feldespatos forman más del 60 por ciento de la corteza terrestre
Fluorita CaF_2	4	3.0–3.3	Vítreo	Incolora	Púrpura, verde claro, amarillo, verde azulado	Algunos tipos son fluorescentes (brillan en la luz ultravioleta); se usa para fabricar acero
Calcita $CaCO_3$	3	2.7	Vítreo	Blanca a grisácea	Incoloro, blanco	Se raya con facilidad; hace burbujas en ácido clorhídrico diluido; suele ser fluorescente
Halita $NaCl$	2.5	2.1–2.6	Vítreo	Blanca	Incoloro	Cristales cúbicos perfectos; tienen sabor salado
Yeso $CaSO_4 \bullet 2H_2O$	2	2.3	Vítreo, perlado	Blanca	Incoloro, blanco	Muy suave; se usa en el yeso de París; la forma conocida como alabastro se usa en estatuas
Azufre S	2	2.0–2.1	Resinoso a grasoso	Blanca	Amarillo a marrón	Se usa en medicamentos, en la producción de ácido sulfúrico y en el caucho vulcanizado
Talco $Mg_3Si_4O_{10}(OH)_2$	1	2.7–2.8	Perlado a grasoso	Blanca	Gris, blanco, verdoso	Muy suave; se usa en polvo de talco; también llamado "piedra jabón"

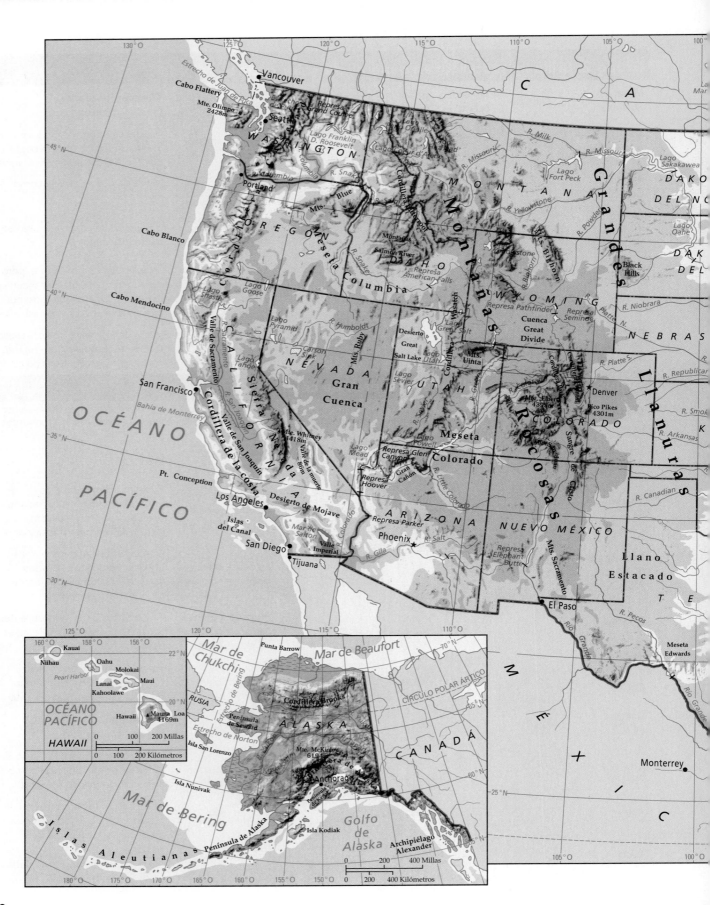

Lago
Winnipeg

de
ques

C A N A D Á

Lago
Rojo

Golfo de
St. Lawrence

MINNESOTA

Lago Nipigon

Lago Superior

Península
Superior

Bahía
Georgiana

R. St. Lawrence

45°N

Lago
Moosehead

Bahía de Fundy

MAINE

St. Paul

Minneapolis

WISCONSIN

Lago Michigan

M I C H I G A N

Península

Lago Hurón

Montreal

Lago
Champlain

Mts.
Adirondack

Mts. Green

VERMONT

NEW
HAMPSHIRE

Mts.
White

★ Boston

Cabo Cod

R. Mississippi

R. Des Moines

R. Missouri

I O W A

Toronto

Cataratas
del Niágara

Inferior
Detroit ●

Lago Ontario

NUEVA YORK

Lago Erie

Cleveland ●

Chicago ●

T i e r r a s
b a j a s
c e n t r a l e s

ILLINOIS

OHIO

R. Illinois

INDIANA

R. Wabash

R. Ohio

PENSILVANIANIA

A

p

a

c

h

e

s

R. Susquehanna

R. Hudson

MASSACHUSETTS

RHODE ISLAND

CONNECTICUT

Nueva York

Long Island

NUEVA
JERSEY

Meseta Allegheny

MARYLAND

DELAWARE

Bahía de Delaware

Kansas

R. Missouri

Kansas City ●

Lago de
Ozarks

MISSOURI

Meseta Ozark

Lago Table Rock

VIRGINIA
OCCIDENTAL

Washington,
D.C. ⊛

VIRGINIA

R. James

Bahía de Chesapeake

O C É A N O

Lago de los
Cherokee

Mts. Boston

OMA

Mts.
Ouachita

ARKANSAS

R. Arkansas

Menfis ●

KENTUCKY

R. Cumberland

TENNESSEE

R. Tennessee

Meseta Cumberland

M
o
n
t
e
s

A
p
a
l
a
c
h
e
s

CAROLINA
DEL NORTE

Meseta Piedmont

R. Roanoke

Estrecho de Albemarle

Cabo Hatteras

Estrecho de Pamlico

35°N

A T L Á N T I C O

R. Saluda

CAROLINA
DEL SUR

Charleston ●

L
l
a
n
u
r
a

C
o
s
t
e
r
a

d
e
l

A
t
l
á
n
t
i
c
o

llas

Represa
Toledo
Bend

LUISIANA

R. Red

M
I
S
S
I
S
S
I
P
P
I

Atlanta ★

Lago
Clark Hill

R. Savannah

ALABAMA

GEORGIA

R. Chattahoochee

R. Tombigbee

R. Altamaha

30°N

Houston ●

Represa
Sam
Rayburn

R. Brazos

L l a n u r a   C o s t e r a   d e l   G o l f o

Nueva Orleans ●

Bahía de Mobile

Bahía Apalachee

Cabo Cañaveral

FLORIDA

Bahía de Galveston

Delta del río
Mississippi

Bahía de Atchafalaya

Bahía de Tampa

Lago
Okeechobee

Everglades

Miami ●

dre

G o l f o   d e
M é x i c o

Cabo Sable

Cayos de la Florida

25°N

N

Tortugas Secas

Estrecho de la Florida

C U B A

TRÓPICO DE CÁNCER

95°O 90°O 85°O 80°O

<table>
<tr><td colspan="3">**ESTADOS UNIDOS**
Físico</td></tr>
<tr><td colspan="2"></td><td>Límite internacional</td></tr>
<tr><td colspan="2"></td><td>Límite estatal</td></tr>
<tr><td>⊛</td><td>Washington, D.C.</td><td>Capital nacional</td></tr>
<tr><td>★</td><td>Atlanta</td><td>Capital estatal</td></tr>
<tr><td>●</td><td>Detroit</td><td>Ciudad importante</td></tr>
</table>

ELEVACIÓN

Metros		Pies
Más de 3,000		Más de 10,000
1,500 a 3,000		5,000 a 10,000
600 a 1,500		2,000 a 5,000
300 a 600		1,000 a 2,000
150 a 300		500 a 1,000
0 a 150		0 a 500
Bajo el nivel del mar		Bajo el nivel del mar

PROFUNDIDAD DEL AGUA

Menos de 200		Menos de 600
Más de 200		Más de 600

0 100 200 300 Millas

0 100 200 300 Kilómetros

95°O 90°O 85°O 80°O 75°O 70°O 65°O

GLOSARIO

A

arco de islas Cadena de volcanes formados como resultado de la subducción de una placa oceánica debajo de una segunda placa oceánica. (136)
island arc A string of volcanoes that form as the result of subduction of one oceanic plate beneath a second oceanic plate.

astenósfera Capa suave del manto en la que flota la litósfera. (14)
asthenosphere The soft layer of the mantle on which the lithosphere floats.

atmósfera Capa de gases relativamente delgada que forma la capa exterior de la Tierra. (6)
atmosphere The relatively thin layer of gases that form Earth's outermost layer.

B

basalto Roca ígnea, oscura y densa, de textura lisa, que se encuentra en la corteza oceánica. (13, 45)
basalto A dark, dense, igneous rock with a fine texture, found in oceanic crust.

batolito Masa de roca formada cuando una gran masa de magma se enfría dentro de la corteza terrestre. (151)
batholith A mass of rock formed when a large body of magma cools inside the crust.

biósfera Partes de la Tierra que contienen organismos vivos. (7)
biosphere The parts of Earth that contain living organisms.

borde convergente Borde de una placa donde dos placas se deslizan una hacia la otra. (87)
convergent boundary A plate boundary where two plates move toward each other.

borde de transformación Borde de una placa donde dos placas se deslizan, en sentidos opuestos, y se pasan la una a la otra. (87)
transform boundary A plate boundary where two plates move past each other in opposite directions.

borde divergente Borde de una placa donde dos placas se separan. (87)
divergent boundary A plate boundary where two plates move away from each other.

brillo Manera en la que un mineral refleja la luz en su superficie. (35)
luster The way a mineral reflects light from its surface.

C

caldera Gran agujero en la parte superior de un volcán que se forma cuando la tapa de la cámara magmática de un volcán se desploma. (147)
caldera The large hole at the top of a volcano formed when the roof of a volcano's magma chamber collapses.

cámara magmática Bolsa debajo de un volcán en la que está acumulado el magma. (139)
magma chamber The pocket beneath a volcano where magma collects.

cementación Proceso mediante el cual minerales disueltos se cristalizan y forman una masa de partículas de sedimento. (53)
cementation The process by which dissolved minerals crystallize and glue particles of sediment together into one mass.

chimenea Largo tubo por el que el magma sube desde la cámara magmática hasta la superficie de la Tierra. (139)
pipe A long tube through which magma moves from the magma chamber to Earth's surface.

ciclo de la roca Serie de procesos en la superficie y dentro de la Tierra por medio de los cuales un tipo de roca se convierte lentamente en otro tipo. (62)
rock cycle A series of processes on the surface and inside Earth that slowly changes rocks from one kind to another.

Cinturón de Fuego Gran cadena de volcanes que rodea el océano Pacífico. (135)
Ring of Fire A major belt of volcanoes that rims the Pacific Ocean.

cizallamiento Fuerza que presiona masas de roca en sentidos opuestos, de lado a lado. (103)
shearing Stress that pushes masses of rock in opposite directions, in a sideways movement.

colada de lava Área cubierta de lava a medida que ésta sale por el ventiladero del volcán. (139)
lava flow The area covered by lava as it pours out of a volcano's vent.

compactación Proceso mediante el cual los sedimentos se unen por la presión de su propio peso. (53)
compaction The process by which sediments are pressed together under their own weight.

compresión 1. Fuerza que oprime una roca hasta que se pliega o se rompe. (103) **2.** Parte de una onda longitudinal en la que las partículas del medio están muy próximas unas con otras. (103)
compression 1. Stress that squeezes rock until it folds or breaks. **2.** The part of a longitudinal wave where the particles of the medium are close together.

conducción 1. Transferencia de energía térmica de una partícula de materia a otra. **2.** Método de transferencia de electricidad que consiste en permitir que los electrones fluyan por contacto directo de un cuerpo a otro. (19)
conduction 1. The transfer of thermal energy from one particle of matter to another. **2.** A method of charging an object by allowing electrons to flow from one object to another object through direct contact.

cono de escoria Colina o pequeña montaña escarpada en forma de cono que se forma cuando ceniza volcánica, escoria y bombas se acumulan alrededor del cráter de un volcán. (148)
cinder cone A steep, cone-shaped hill or small mountain made of volcanic ash, cinders, and bombs piled up around a volcano's opening.

convección Transferencia de energía térmica por el movimiento de un líquido. (19)
convection The transfer of thermal energy by the movement of a fluid.

cordillera oceánica central Cadena montañosa submarina donde se produce el nuevo suelo oceánico; borde de placa divergente. (80)
mid-ocean ridge An undersea mountain chain where new ocean floor is produced; a divergent plate boundary.

corriente de convección Movimiento de un líquido ocasionado por diferencias de temperatura, que transfiere calor de un punto del líquido a otro. (20)
convection current The movement of a fluid, caused by differences in temperature, that transfers heat from one part of the fluid to another.

corteza terrestre Capa de rocas que forma la superficie externa de la Tierra. (13)
crust The layer of rock that forms Earth's outer surface.

cráter 1. Gran hoyo redondo que se forma por el impacto de un meteorito. **2.** Área en forma de tazón que se forma en la abertura central de un volcán. (139)
crater 1. A large round pit caused by the impact of a meteoroid. **2.** A bowl-shaped area that forms around a volcano's central opening.

cristal Cuerpo sólido en el que los átomos siguen un patrón que se repite una y otra vez. (33)
crystal A solid in which the atoms are arranged in a pattern that repeats again and again.

cristalización Proceso mediante el cual los átomos se distribuyen y forman materiales con estructura de cristal. (40)
crystallization The process by which atoms are arranged to form a material with a crystal structure.

cuello volcánico Depósito de magma solidificado en la chimenea de un volcán. (150)
volcanic neck A deposit of hardened magma in a volcano's pipe.

D

---

densidad Medida de la masa de una sustancia que tiene un volumen dado. (20)
density The measurement of how much mass of a substance is contained in a given volume.

deriva continental Hipótesis que sostiene que los continentes se desplazan lentamente sobre la superficie de la Tierra. (77)
continental drift The hypothesis that the continents slowly move across Earth's surface.

desgaste Procesos químicos y físicos que erosionan la roca y descomponen otras sustancias. (53)
weathering The chemical and physical processes that break down rock and other substances.

despliegue del suelo oceánico Proceso mediante el cual la materia fundida añade nueva corteza oceánica al suelo oceánico. (82)
sea-floor spreading The process by which molten material adds new oceanic crust to the ocean floor.

dique concordante Placa de roca volcánica formada cuando el magma queda comprimido entre capas de roca. (150)
sill A slab of volcanic rock formed when magma squeezes between layers of rock.

GLOSARIO

dique discordante Placa de roca volcánica formada cuando el magma se abre paso a través de las capas de roca. (150)
dike A slab of volcanic rock formed when magma forces itself across rock layers.

E

energía Capacidad para realizar un trabajo o producir cambios. (5)
energy The ability to do work or cause change.

epicentro Punto de la superficie de la Tierra directamente sobre el foco de un terremoto. (112)
epicenter The point on Earth's surface directly above an earthquake's focus.

erosión Proceso por el cual el agua, el hielo, el viento o la gravedad desplazan rocas desgastadas y suelo. (53)
erosion The process by which water, ice, wind, or gravity moves weathered particles of rock and soil.

escala de dureza de Mohs Escala en la que se clasifican diez minerales del más blando al más duro; se usa para probar la dureza de los minerales. (36)
Mohs hardness scale A scale ranking ten minerals from softest to hardest; used in testing the hardness of minerals.

escala de magnitud de momento Escala con la que se miden los sismos estimando la cantidad total de energía liberada por un terremoto. (114)
moment magnitude scale A scale that rates earthquakes by estimating the total energy released by an earthquake.

escala de Richter Escala con la que se mide la magnitud de un terremoto según el tamaño de sus ondas sísmicas. (114)
Richter scale A scale that rates an earthquake's magnitude based on the size of its seismic waves.

escala modificada de Mercalli Escala que evalúa la intensidad del temblor de un terremoto. (114)
Modified Mercalli scale A scale that rates the amount of shaking from an earthquake.

exfoliación Facilidad con la que un mineral se divide en capas planas. (39)
cleavage A mineral's ability to split easily along flat surfaces.

extinto 1. Término que se refiere a un grupo de organismos que ha muerto y del cual no queda ningún miembro vivo. **2.** Término que describe un volcán que ya no es activo y es poco probable que vuelva a hacer erupción. (144)
extinct 1. Term used to refer to a group of related organisms that has died out and has no living members. **2.** Term used to describe a volcano that is no longer active and unlikely to erupt again.

F

falla Fisura en la corteza terrestre a lo largo de la cual se desplazan las rocas. (89)
fault A break in Earth's crust along which rocks move.

falla inversa Tipo de falla en la cual el labio superior se desliza hacia arriba como resultado de compresión de la corteza. (105)
reverse fault A type of fault where the hanging wall slides upward; caused by compression in the crust.

falla normal Tipo de falla en la cual el labio elevado o subyacente se desliza hacia abajo como resultado de la tensión de la corteza. (104)
normal fault A type of fault where the hanging wall slides downward; caused by tension in the crust.

falla transcurrente Tipo de falla en la cual las rocas a ambos lados se deslizan horizontalmente en sentidos opuestos, con poco desplazamiento hacia arriba o abajo. (105)
strike-slip fault A type of fault in which rocks on either side move past each other sideways with little up or down motion.

flujo piroclástico Flujo de ceniza, escoria, bombas y gases que corre por las laderas de un volcán durante una erupción explosiva. (143)
pyroclastic flow The flow of ash, cinders, bombs, and gases down the side of a volcano during an explosive eruption.

foco Punto debajo de la superficie de la Tierra en el que la roca empieza a romperse debido a una gran fuerza y causa un terremoto. (112)
focus The point beneath Earth's surface where rock first breaks under stress and causes an earthquake.

foliación Término que describe las rocas metamórficas con granos dispuestos en capas paralelas o bandas. (60)
foliated Term used to describe metamorphic rocks that have grains arranged in parallel layers or bands.

fosa oceánica profunda Valle profundo a lo largo del suelo oceánico debajo del cual la corteza oceánica se hunde lentamente hacia el manto. (84)
deep-ocean trench A deep valley along the ocean floor beneath which oceanic crust slowly sinks toward the mantle.

fósil Restos o vestigios conservados de un organismo que vivió en el pasado. (78)
fossil The preserved remains or traces of an organism that lived in the past.

fractura 1. Apariencia de un mineral cuando se rompe de manera irregular. 2. Fisura de un hueso. (39)
fracture 1. The way a mineral looks when it breaks apart in an irregular way. 2. A break in a bone.

fuerza constructiva Proceso natural que incrementa la superficie de la Tierra. (8)
constructive force Any natural process that builds up Earth's surface.

fuerza destructiva Proceso natural que destruye o desgasta la superficie de la Tierra. (9)
destructive force Any natural process that tears down or wears away Earth's surface.

G

geoda Roca hueca dentro de la que se forman cristales minerales. (40)
geode A hollow rock inside which mineral crystals have grown.

geósfera Partes más densas de la Tierra que incluye la corteza, el manto y el núcleo. (6)
geosphere The densest parts of Earth that include the crust, mantle, and core.

granito Roca generalmente de color claro que se encuentra en la corteza continental. (13, 45)
granite A usually light-colored igneous rock that is found in continental crust.

granos Partículas de minerales o de otras rocas que le dan textura a una roca. (46)
grains The particles of minerals or other rocks that give a rock its texture.

H

hidrósfera Parte de la Tierra formada por agua en cualquiera de sus formas, ya sea océanos, glaciares, ríos, lagos, agua subterránea y vapor de agua. (6)
hydrosphere The portion of Earth that consists of water in any of its forms, including oceans, glaciers, rivers, lakes, groundwater and water vapor.

I

inactivo Que no está activo en la actualidad pero puede ser activo en el futuro (como un volcán). (144)
dormant Not currently active but able to become active in the future (as with a volcano).

inorgánico Que no está formado por seres vivos o por los restos de seres vivos. (33)
inorganic Not formed from living things or the remains of living things.

L

lava Magma líquido que sale a la superficie. (134)
lava Liquid magma that reaches the surface.

litósfera Capa rígida constituida por la parte superior del manto y la corteza. (14)
lithosphere A rigid layer made up of the uppermost part of the mantle and the crust.

M

magma Mezcla fundida de las sustancias que forman las rocas, gases y agua, proveniente del manto. (134)
magma The molten mixture of rock-forming substances, gases, and water from the mantle.

magnitud Medida de la fuerza de un sismo basada en las ondas sísmicas y en el movimiento que ocurre a lo largo de las fallas. (114)
magnitude The measurement of an earthquake's strength based on seismic waves and movement along faults.

manto Capa de material caliente y sólido entre la corteza terrestre y el núcleo. (14)
mantle The layer of hot, solid material between Earth's crust and core.

GLOSARIO

meseta Accidente geográfico que tiene una elevación alta y cuya superficie está más o menos nivelada. (109)
plateau A large landform that has high elevation and a more or less level surface.

mineral 1. Sólido natural que puede formarse por procesos inorgánicos, con estructura cristalina y composición química específica. **2.** Nutriente inorgánico que el cuerpo necesita en pequeñas cantidades y que no es producido por los seres vivos. (32)
mineral 1. A naturally occurring solid that can form by inorganic processes and that has a crystal structure and a definite chemical composition. **2.** A nutrient that is needed by the body in small amounts and is not made by living things.

minerales formadores de rocas Uno de los minerales comunes de los que están compuestas la mayoría de las rocas de la corteza de la Tierra. (45)
rock-forming mineral Any of the common minerals that make up most of the rocks of Earth's crust.

N

núcleo externo Capa de hierro y níquel fundidos que rodea el núcleo interno de la Tierra. (15)
outer core A layer of molten iron and nickel that surrounds the inner core of Earth.

núcleo interno Esfera densa de hierro y níquel que se encuentra en el centro de la Tierra. (15)
inner core A dense sphere of solid iron and nickel at the center of Earth.

O

onda P Tipo de onda sísmica que comprime y expande el suelo. (113)
P wave A type of seismic wave that compresses and expands the ground.

onda S Tipo de onda sísmica que hace que el suelo se mueva en una dirección perpendicular a la onda. (113)
S wave A type of seismic wave in which the shaking is perpendicular to the direction of the wave.

onda superficial Tipo de onda sísmica que se forma cuando las ondas P y las ondas S llegan a la superficie de la Tierra. (113)
surface wave A type of seismic wave that forms when P waves and S waves reach Earth's surface.

ondas sísmicas Vibraciones que se desplazan por la Tierra, y que llevan la energía liberada durante un terremoto. (11)
seismic wave Vibrations that travel through Earth carrying the energy released during an earthquake.

P

Pangea Nombre de la masa de tierra única que empezó a dividirse hace 200 millones de años y que le dio origen a los continentes actuales. (77)
Pangaea The name of the single landmass that began to break apart 200 million years ago and gave rise to today's continents.

placa Sección de la litósfera que se desplaza lentamente sobre la astenósfera y que se lleva consigo trozos de la corteza continental y de la oceánica. (86)
plate A section of the lithosphere that slowly moves over the asthenosphere, carrying pieces of continental and oceanic crust.

presión 1. Fuerza que actúa contra una superficie, dividida entre el área de esa superficie. (12) **2.** Fuerza que actúa sobre las rocas y que cambia su forma o volumen. (102)
pressure 1. The force pushing on a surface divided by the area of that surface. **2. stress** A force that acts on rock to change its shape or volume.

punto caliente Área en la que el magma de las profundidades del manto atraviesa la corteza. (137)
hot spot An area where magma from deep within the mantle melts through the crust above it.

R

radiación Transferencia de energía por medio de ondas magnéticas. (19)
radiation The transfer of energy by electromagnetic waves.

raya Color del polvo de un mineral. (35)
streak The color of a mineral's powder.

roca clástica Roca sedimentaria que se forma cuando fragmentos de roca se unen bajo gran presión. (54)
clastic rock Sedimentary rock that forms when rock fragments are squeezed together under high pressure.

roca extrusiva Roca ígnea que se forma de la lava en la superficie de la Tierra. (49)
extrusive rock Igneous rock that forms from lava on Earth's surface.

roca ígnea Tipo de roca que se forma cuando se enfrían las rocas fundidas en la superficie o debajo de la superficie. (47)
igneous rock A type of rock that forms from the cooling of molten rock at or below the surface.

roca intrusiva (o plutónica) Roca ígnea que se forma cuando el magma se endurece bajo la superficie de la Tierra. (49)
intrusive rock Igneous rock that forms when magma hardens beneath Earth's surface.

roca metamórfica Tipo de roca que se forma cuando una roca cambia por el calor, la presión o por reacciones químicas. (47)
metamorphic rock A type of rock that forms from an existing rock that is changed by heat, pressure, or chemical reactions.

roca orgánica Roca sedimentaria que se forma cuando los restos de organismos se depositan en capas gruesas. (55)
organic rock Sedimentary rock that forms from remains of organisms deposited in thick layers.

roca química Roca sedimentaria que se forma cuando los minerales de una solución se cristalizan. (56)
chemical rock Sedimentary rock that forms when minerals crystallize from a solution.

roca sedimentaria Tipo de roca que se forma a partir de la compactación y unión de partículas de otras rocas o restos de plantas y animales. (47)
sedimentary rock A type of rock that forms when particles from other rocks or the remains of plants and animals are pressed and cemented together.

sílice Material presente en el magma, compuesto por los elementos oxígeno y silicio; es el componente más común de la corteza y el manto de la Tierra. (140)
silica A material found in magma that is formed from the elements oxygen and silicon; it is the primary substance of Earth's crust and mantle.

sismógrafo Aparato con el que se registran los movimientos del suelo ocasionados por las ondas sísmicas a medida que éstas se desplazan por la Tierra. (114)
seismograph A device that records ground movements caused by seismic waves as they move through Earth.

sismograma Registro producido por un sismógrafo de las ondas sísmicas de un terremoto. (120)
seismogram The record of an earthquake's seismic waves produced by a seismograph.

sistema Partes de un grupo que trabajan en conjunto. (4)
system A group of parts that work together as a whole.

solución Mezcla que contiene un solvente y al menos un soluto, y que tiene propiedades uniformes; mezcla en la que una sustancia se disuelve en otra. (41)
solution A mixture containing a solvent and at least one solute that has the same properties throughout; a mixture in which one substance is dissolved in another.

subducción Proceso mediante el cual la corteza oceánica se hunde debajo de una fosa oceánica profunda y vuelve al manto por el borde de una placa convergente. (84)
subduction The process by which oceanic crust sinks beneath a deep-ocean trench and back into the mantle at a convergent plate boundary.

---------------------- S ----------------------

sedimentación Proceso por el cual los sedimentos se asientan en nuevos sitios. (53)
deposition Process in which sediment is laid down in new locations.

sedimento Trozos pequeños y sólidos de materiales que provienen de las rocas o de los restos de organismos; materiales terrestres depositados por la erosión. (52)
sediment Small, solid pieces of material that come from rocks or the remains of organisms; earth materials deposited by erosion.

---------------------- T ----------------------

tectónica de placas Teoría según la cual las partes de la litósfera de la Tierra están en continuo movimiento, impulsadas por las corrientes de convección del manto. (87)
plate tectonics The theory that pieces of Earth's lithosphere are in constant motion, driven by convection currents in the mantle.

tensión Fuerza que estira una roca, de modo que es más delgada en el centro. (103)
tension Stress that stretches rock so that it becomes thinner in the middle.

terremoto Temblor que resulta del movimiento de la roca debajo de la superficie de la Tierra. (111)
earthquake The shaking that results from the movement of rock beneath Earth's surface.

textura Apariencia y sensación producida por la superficie de una roca, determinadas por el tamaño, la forma y el patrón de los granos de la roca. (46)
texture The look and feel of a rock's surface, determined by the size, shape, and pattern of a rock's grains.

V

valle de fisura Valle profundo que se forma cuando dos placas se separan. (89)
rift valley A deep valley that forms where two plates move apart.

vena 1. Placa delgada de un mineral que es marcadamente distinto a la roca que lo rodea. (41) **2.** Vaso sanguíneo que transporta la sangre al corazón.
vein 1. A narrow deposit of a mineral that is sharply different from the surrounding rock. **2.** A blood vessel that carries blood back to the heart.

ventiladero Abertura a través de la que la roca derretida y los gases salen de un volcán. (139)
vent The opening through which molten rock and gas leave a volcano.

volcán Punto débil en la corteza por donde el magma escapa hacia la superficie.
volcano A weak spot in the crust where magma has come to the surface.

volcán compuesto Montaña alta en forma de cono en la que las capas de lava se alternan con capas de ceniza y otros materiales volcánicos. (148)
composite volcano A tall, cone-shaped mountain in which layers of lava alternate with layers of ash and other volcanic materials.

volcán en escudo Montaña ancha de pendientes suaves, compuesta por capas de lava y formada durante erupciones que no son violentas. (149)
shield volcano A wide, gently sloping mountain made of layers of lava and formed by quiet eruptions.

ÍNDICE

Los números de página de los términos clave están impresos en negrita.

ÍNDICE

ÍNDICE

Los números de página de los términos clave están impresos en negrita.

RECONOCIMIENTOS

Reconocimientos al personal

Los miembros del equipo de *Ciencias interactivas*, en representación de los servicios de producción, servicios de producción multimedia y diseño digital, desarrollo de productos digitales, editorial, servicios editoriales, manufactura y producción, se incluyen a continuación.

Jan Van Aarsen, Samah Abadir, Ernie Albanese, Gisela Aragón, Bridget Binstock, Suzanne Biron, MJ Black, Nancy Bolsover, Stacy Boyd, Jim Brady, Katherine Bryant, Michael Burstein, Pradeep Byram, Jessica Chase, Jonathan Cheney, Arthur Ciccone, Allison Cook-Bellistri, Vanessa Corzano, Rebecca Cottingham, AnnMarie Coyne, Bob Craton, Chris Deliee, Paul Delsignore, Michael Di Maria, Diane Dougherty, Kristen Ellis, Theresa Eugenio, Amanda Ferguson, Jorgensen Fernandez, Kathryn Fobert, Julia Gecha, Mark Geyer, Steve Gobbell, Paula Gogan-Porter, Jeffrey Gong, Sandra Graff, Adam Groffman, Lynette Haggard, Christian Henry, Karen Holtzman, Susan Hutchinson, Sharon Inglis, Marian Jones, Sumy Joy, Sheila Kanitsch, Courtenay Kelley, Marjorie Kirstein, Chris Kennedy, Toby Klang, Greg Lam, Russ Lappa, Margaret LaRaia, Ben Leveillee, Thea Limpus, Dotti Marshall, Kathy Martin, Robyn Matzke, John McClure, Mary Beth McDaniel, Krista McDonald, Tim McDonald, Rich McMahon, Cara McNally, Melinda Medina, Angelina Mendez, Maria Milczarek, Claudi Mimó, Mike Napieralski, Deborah Nicholls, Dave Nichols, William Oppenheimer, Jodi O'Rourke, Ameer Padshah, Lorie Park, Celio Pedrosa, Jonathan Penyack, Linda Zust Reddy, Jennifer Reichlin, Stephen Rider, Charlene Rimsa, Stephanie Rogers, Marcy Rose, Rashid Ross, Anne Rowsey, Logan Schmidt, Amanda Seldera, Laurel Smith, Nancy Smith, Ted Smykal, Emily Soltanoff, Cindy Strowman, Dee Sunday, Barry Tomack, Patricia Valencia, Ana Sofía Villaveces, Stephanie Wallace, Christine Whitney, Brad Wiatr, Heidi Wilson, Heather Wright, Rachel Youdelman

Fotografía

All uncredited photos copyright © 2011 Pearson Education.

Portadas
Dorling Kindersley/Getty Images

Páginas preliminares
Page vi, Whit Richardson/Getty Images; **vii,** Galen Rowell/ Mountain Light/Alamy; **viii,** Peter Rowlands/PR Productions; **ix,** Pata Roque/AP Images; **x,** Digital Vision/Photolibrary; **xi laptop, TV screens, touch-screen phone,** iStockphoto.com; **xiii tr,** iStockphoto.com; **xv br,** JupiterImages/Getty Images; **xviii t,** iStockphoto.com; **xx,** Flip Nicklin/Minden Pictures; **xx–xxi,** Marco Simoni/Robert Harding Travel/Photolibrary New York; **xxi,** Reuters/Matangi Tonga Online/Landov.

Capítulo 1
Pages xxii–1, Whit Richardson/Getty Images; **3 t,** ©2006 John Eastcott and Yva Momatiuk/Getty Images; **3 m,** Design Pics Inc./Alamy; **3 b,** Rick Price/Nature Picture Library; **4 bkgrnd,** Michael Busselle/Getty Images; **5,** ©2006 John Eastcott and Yva Momatiuk/Getty Images; **6 t,** All Canada Photos/Alamy; **6 m,** Roger Werth/Woodfin Camp/Getty Images; **6 b,** Design Pics Inc./Alamy; **7 inset,** Anna Yu/iStockphoto.com; **6–7,** Marvin Dembinsky Photo Associates/Alamy; **8 l,** Dietrich Rose/ zefa/Corbis; **8 r,** Philip Dowell/Dorling Kindersley; **9,** David

Jordan/AP Images; **10,** Samuel B. Mukasa; **12,** Tracy Frankel/ Getty Images; **13 t,** NASA; **13 tm,** Rick Price/Nature Picture Library; **13 bm,** Harry Taylor/Royal Museum of Scotland, Edinburgh/Dorling Kindersley; **13 b,** Harry Taylor/Dorling Kindersley; **14,** NASA; **15,** NASA; **16–17 earth,** NASA; **16–17 stars,** Markus Gann/Shutterstock; **17,** Copyright ©1990 Richard Megna/Fundamental Photographs; **18,** Jupiterimages/ Brand X/Alamy; **19 l,** Pancaketom/Dreamstime.com; **19 m,** Bloomimage/Corbis; **19 r,** INSADCO Photography/Alamy; **20 t,** Hall/photocuisine/Corbis; **20 b,** tbkmedia.de/Alamy; **21,** NASA; **22 t,** Design Pics Inc./Alamy; **22 m,** NASA; **22 b,** Hall/ Photocuisine/Corbis.

Sección especial
Page 26 bkgrnd, Daniel Sambraus/Photo Researchers, Inc.; **26 b,** Courtesy of Michael Wysession; **27 t,** John McConnico/ AP Images; **27 b,** Bryan & Cherry Alexander Photography/ Alamy.

Capítulo 2
Pages 28–29, Galen Rowell/Mountain Light/Alamy; **31 t,** Javier Trueba/MSF/Photo Researchers, Inc.; **31 m,** Bill Brooks/ Alamy; **31 b,** Sandra vom Stein/iStockphoto.com; **32 bkgrnd,** Andrew Romaneschi/iStockphoto.com; **33 l,** Rana Royalty Free/Alamy; **33 r,** Arco Images GmbH/Alamy; **34 l,** Harry Taylor/Dorling Kindersley; **34 r,** Joel Arem/Photo Researchers, Inc.; **35 tl,** Colin Keates/Natural History Museum, London/ Dorling Kindersley; **35 tr,** Breck P. Kent; **35 m,** Russ Lappa; **35 bl,** Breck P. Kent; **35 bm,** Breck P. Kent; **35 br,** Charles D. Winters/Photo Researchers, Inc.; **36 t,** Jupiterimages/ PIXLAND/Alamy; **36 b all,** Colin Keates/Natural History Museum, London/Dorling Kindersley; **37 No. 6–9,** Colin Keates/Natural History Museum, London/Dorling Kindersley; **37 No. 10,** Dorling Kindersley; **38 tl,** Florea Marius Catalin/ iStockphoto.com; **38 tr,** Breck P. Kent; **38 b,** Phil Degginger/ Jack Clark Collection/Alamy; **39 t,** Chip Clark; **39 m,** Biophoto Associates/Photo Researchers, Inc.; **39 b,** Colin Keates/Natural History Museum, London/Dorling Kindersley; **40,** Breck P. Kent/Animals Animals/Earth Scenes; **41 tl,** Jane Burton/ Bruce Coleman, Inc.; **41 tr,** Ken Lucas/Visuals Unlimited/ Alamy; **41 b,** Javier Trueba/MSF/Photo Researchers, Inc.; **42 l,** Colin Keates/Natural History Museum, London/Dorling Kindersley; **42 r,** Gary Ombler/Oxford University Museum of Natural History/Dorling Kindersley; **44,** Robert Glusic/Corbis; **45 feldspar & granite,** Breck P. Kent; **45 hornblende,** Mark A. Schneider/Photo Researchers Inc.; **45 mica,** George Whitely/ Photo Researchers, Inc.; **45 quartz,** Mark A. Schneider/Photo Researchers, Inc.; **46 slate,** Corbis/Photolibrary New York; **46 diorite, flint, breccia, quartzite, gneiss,** Breck P. Kent; **46 conglomerate,** Dorling Kindersley; **46 b,** Bill Brooks/ Alamy; **48 t,** Jon Adamson/iStockphoto.com; **48 b,** Photo by Jiri Hermann/Courtesy Diavik Diamond Mines Inc.; **49 tl,** Dirk Wiersma/Photo Researchers, Inc.; **49 bl & r,** Breck P. Kent; **50,** Breck P. Kent; **51,** Keith Levit/Alamy; **52,** Courtesy of Dr. Beverly Chiarulli; **54 shale,** Joel Arem/Photo Researchers, Inc.; **54 sandstone,** Jeff Scovil; **54 conglomerate,** Dorling Kindersley; **54 breccia,** Breck P. Kent; **54 No. 1,** Michael P. Gadomski/Photo Researchers, Inc.; **54 No. 2,** Lloyd Cluff/ Corbis; **54 No. 3,** John S. Shelton; **54 No. 4,** Sandra vom Stein/iStockphoto.com; **55 l inset,** Andreas Einsiedel/Dorling Kindersley; **55 l bkgrnd,** Corbis Premium RF/Alamy; **55 r**

inset, Breck P. Kent; 55 r bkgrnd, Martin Strmiska/Alamy; 56, K-PHOTOS/Alamy; 57, Daniel Dempster Photography/Alamy; 58 l, Radius Images/Alamy; 58 r, Sergey Peterman/Shutterstock; 59, Phil Dombrowski; 60 tl, Biophoto Associates/Photo Researcher, Inc.; 60 tr, Andrew J. Martinez/Photo Researchers, Inc.; 60 bl, Andrew J. Martinez/Photo Researchers, Inc.; 60 br, Jeff Scovil; 61, Phooey/iStockphoto.com; 62 inset, GlowImages/Alamy; 62 bkgrnd, Adrian Page/Alamy; 63, Kevin Fleming/Corbis; 64 tl, François Gohier/Photo Researchers, Inc.; 64 tr, Simon Fraser/Photo Researchers, Inc.; 64 bl, Bern Petit/Breck P. Kent; 64 br, N.R. Rowan/Stock Boston; 66 l, Breck P. Kent; 66 r, Kevin Fleming/Corbis; 67, Don Nichols/iStockphoto.com; 68 tl, Breck P. Kent; 68 tr, Andrew J. Martinez/Photo Researchers, Inc.; 68 b, Breck P. Kent.

Sección especial
Page 70, Loomis Dean/Time Life Pictures/Getty Images; 71, Jane Stockman/Dorling Kindersley.

Capítulo 3
Pages 72–73, Peter Rowlands/PR Productions; 76, Peter Dennis/Dorling Kindersley; 79, Francois Gohier/Photo Researchers, Inc.; 80, The Granger Collection, New York; 81, moodboard/Corbis; 82 t, OAR/National Undersea Research Program/Photo Researchers, Inc.; 82 m, Courtesy of USGS; 82 b, Paul Zoeller/AP Images; 83, Sandy Felsenthal/Corbis; 86, Image Source/Getty Images; 88, Kristy-Anne Glubish/Design Pics/Corbis; 89, Daniel Sambraus/Science Photo Library; 90, Blaine Harrington III/Corbis; 91, James Balog/Getty Images; 92, Daniel Sambraus/Science Photo Library.

Sección especial
Page 96, Emory Kristof/National Geographic Stock; 97 t, Radius Images/Alamy; 97 bkgrnd, Carsten Peter/National Geographic Stock.

Capítulo 4
Pages 98–99, Pata Roque/AP Images; 101 t, Michael Nichols/Getty Images; 101 b, D. Parker/Photo Researchers Inc.; 102, Alan Kearney/Getty Images; 104 l, Breck P. Kent/Animals Animals/Earth Scenes; 104 r, Marli Miller/University of Oregon; 105, D. Parker/Photo Researchers Inc.; 106–107, Martin Bond/Photo Researchers, Inc.; 108, Bob Krist/Corbis; 109, Michael Nichols/Getty Images; 110–111, AFP/Getty Images/Newscom; 114 l, Photo Japan/Alamy; 114 r, Koji Sasahara/AP Images; 115, Ho New/Reuters; 124 t, D. Parker/Photo Researchers, Inc.; 124 b, Koji Sasahara/AP Images; 126, Jewel Samad/AFP/Getty Images.

Sección especial
Page 128, Gibson Stock Photography; 129 tl, WENN/Newscom; 129 tr, Geoff Brightling/Dorling Kindersley; 129 br, Ajit Kumar/AP Images.

Capítulo 5
Pages 130–131, Digital Vision/Photolibrary New York; 133 t, Danny Lehman/Corbis; 133 b, Allan Seiden/Pacific Stock; 134, George Steinmetz/Corbis; 138 inset, Colin Keates/Natural History Museum, London/Dorling Kindersley; 138 bkgrnd, Karl Weatherly/Getty Images; 140 tl,

Rainer Albiez/iStockphoto.com; 140–141, G. Brad Lewis/Omjalla Images; 141 t, Tui De Roy/Minden Pictures; 141 b, Dave B. Fleetham/Tom Stack & Associates, Inc.; 142 t, Pat and Tom Leeson/Photo Researchers, Inc.; 142 b, U.S. Geological Survey/Geologic Inquiries Group; 142 bkgrnd, Paul Thompson/Photolibrary New York; 143, Alberto Garcia/Corbis; 145 l, Courtesy of USGS; 145 r, G. Brad Lewis/Omjalla Images; 146 b, Karen Kasmauski/Corbis; 147, Allan Seiden/Pacific Stock; 148 t, Jeffzenner/Shutterstock, Inc.; 148 b, Rob Reichenfeld/Dorling Kindersley; 150 inset, Eric & David Hosking/Photo Researchers, Inc.; 150 bkgrnd, Danny Lehman/Corbis; 151, David J. Boyle/Animals Animals/Earth Scenes; 152 t, Dave B. Fleetham/Tom Stack & Associates, Inc.; 152 b, David J. Boyle/Animals Animals/Earth Scenes.

Sección especial
Page 156 t, Arctic Images/Alamy; 156 bkgrnd, Bettmann/Corbis; 157 t, Krafft/Explorer/Photo Researchers, Inc.; 157 b, Tom Van Sant/Corbis.

toma nota

Este espacio es perfecto para dibujar y tomar notas.

Puedes escribir en el libro.
Es tuyo.

toma nota

Este espacio es perfecto para dibujar y tomar notas.

Puedes escribir en el libro.
Es tuyo.

Puedes escribir en el libro.
Es tuyo.

toma nota

Este espacio es perfecto para dibujar y tomar notas.

Puedes escribir en el libro.
Es tuyo.

Puedes escribir en el libro.
Es tuyo.

toma nota
Este espacio es perfecto para dibujar y tomar notas.

Puedes escribir en el libro.
Es tuyo.

186